분배만이 답이다
환경을 살린다

하움출판사

분배만이 답이다 환경을 살린다

1판 1쇄 발행 2024년 12월 12일

펴낸이 최종우 **도운이** 신순재

교정 주현강 **편집** 윤혜린 **마케팅·지원** 김혜지

펴낸곳 (주)하움출판사 **발행인** 문현광

이메일 haum1000@naver.com **홈페이지** haum.kr
블로그 blog.naver.com/haum1000 **인스타그램** @haum1007

ISBN 979-11-94276-52-4(03300)

좋은 책을 만들겠습니다.
하움출판사는 독자 여러분의 의견에 항상 귀 기울이고 있습니다.
파본은 구입처에서 교환해 드립니다.

펴낸이의 말

흔히 현대를 무한 경쟁의 시대라고 말한다.

자본주의에서 경쟁은 우리가 숨 쉬는 공기와도 비교될 수 있을 만큼 없어서는 안 되는 것이지만 그 치열한 경쟁에서 살아남기 위해 우리는 얼마나 고민하고 환경을 파괴하는가….

이 글은 내가 경제와 사회의 여러 문제와 인류를 위기로 몰아가고 있는 환경 파괴, 기후 위기와의 관련성을 나름대로 십여 년간 생각하고 문제 해결 방식을 깊이 숙고해 보았던 결과물이다.

전적으로는 아니지만 결국 "분배이다."라는 답 외에는 다른 특별한 답이 없었다.

하여 그 내용을 소통하고자 책을 펴낸다.

| 목차 |

1장

현대 사회

나는 이렇게 발전되고 풍족한 세상에서 예전보다 더 인류와 환경, 지구가 힘들어야 하나 의문이 들었다.

조금만 생각한다면 '생각하는 인간'은 상식적이지 않은, 경직되며 비효율적이며 합리적이지 않은 세상을 살고 있다는 것을 느꼈을 것이다.

이러한 현대의 아이러니한 세상을 극복하기 위한 방안은 현재의 극단적인 신자유주의, 자본주의를 극복하고 현 사회에 맞게끔 정교하게 자본주의를 수정, 발전시켜야 한다고 생각한다.

이 사회와 환경을 파괴하는 주요 요인은 인간의 선함보다는 무한한 욕망을 표출하게 하는 극단적인 자본주의 사회가 아닌가 생각한다.

사회 여러 문제를 해결하고 우리 모두가 공존하는 방향, 우리 시대의 제일의 과제인 환경을 살리는 길이 아닌가 생각되며, 우리 시대에 요구되는 '지구를 살리는' 가장 중요한 정책 중 하나가 분배 정책이며 나눔을 통하여 사회 여러 문제를 해결할 수 있고 하나뿐인 지구를 살릴 수 있다고 생각되어 왜 나누어야만 하는지를 생각나는 대로 두서없이 적어 보았다.

책을 쓰거나 남들과 공유하기 위해 쓴 글이 아니고, 책을 발간한다는 것은 또한 삼림을 훼손하고 파괴하는 것이지만 쓰고 보니 그냥 사장하기에는 너무나 아깝다는 생각이 들어 내 생각을 이 시대를 살아가는 사람들과 공유하고 싶은 생각이 간절하여 작은 책자라도 만든다.

나는 전문가나 학자가 아닌 일반 서민으로서 작금의 우리 사회 실정을 직시하고 적었기 때문에 이론적이고 논리적인 부분에서는 부족한 점도 많고 사실관계도 정확하지 않은 부분도 많다.

그냥 나의 생각을 적어 놓았다.

그러나 이 시대의 문제점을 해결하고 공존의 사회를 실현 가능하게 하는 내용이라 생각한다.

전적으로 완벽한 답은 아니지만 작금의 인류, 지구, 환경, 동식물 등이 처한 위기의 상황을 조금은 벗어날 수 있는 답이라고 확신한다.

이 글은 부족하고 중복되고 직설적이며, 정제되지 않은 글이라 생각되며 또한 모순적인 내용도 포함하고 있다.

조금은 감성적이고 이상적이며 절대로 다가갈 수 없는 사회를 기술하고 있지만 인류가 이상적이며 모두가 행복한 세상을 꿈꾸고 행동하지 않는다면 빈자나 부자, 지구상의 동식물, 환경 모두가 인간의 끝없는 욕망으로 공멸할 것이다.

이 글의 내용이 부족하고 미흡한 부분, 여러 이론이나 사상에 맞지 않는 부분은 여러분의 생각으로 완성해 주시길 바란다. 그렇게 어려운 내용이 아니며 경제를 모르는 내가 썼기 때문에 이 글을 읽은 독자들은 충분히 쉽게 이해하리라 생각한다.

한편 이 짧고 부족한 글도 책이 될 수 있을까 하는 회의적인 생각을 수도 없이 하고 고민도 많이 하였으나 그래도 나의 생각에 동감하시는 분들이 분명히 있으리라 생각하여 용기를 낸다.

현대의 경제 여건은 공존하지 않으면 모두가 공멸할 것이다.

공존의 길 '그것은 분배'이다.

이 책의 판매로 인한 수익은 작가에게 한 푼도 안 돌아가며 책값을 낮추어 비싼 커피 한 잔으로 이 글을 읽을 수 있고 공유하였으면 하는 마음뿐이다. 만약 팔리지 않는다면 출판 비용 등 모두가 작가에게 돌아온다.

부의 분배를 통하여 우리 사회의 무한 경쟁(불법, 탈법적인 경쟁 포함)을 완화하고 생산적인 경쟁, 선의의 경쟁으로 이끌며 더불어 상생만이 우리 모두가 살길이다. 점진적인 분배와 작은 나눔을 실천한다면 정의롭지 않은 사회에서 지금보다는 좀 더 정의로운 사회로 다가설 것이다.

우리 사회는 저출산 고령화 문제, 교육 문제, 세월호와 같은 안전 문제(버스 운전사 졸음운전으로 인한 대형 사고 등), 공직사회와 기업의 비리 문제, 최저임금 문제, 환경문제(원자력 발전소 폐쇄 문제, 석탄 발전소로 인한 미세먼지 문제), 비정규직 정규직화 문제, 빈곤으로 인한 자살 문제, 지역 간의 갈등, 계층 간의 갈등, 수도권의 과밀, 불공정의 사회 등 수없이 많은 문제를 직면하고 있다.

이러한 문제를 해결하기 위해서는 궁극적으로 고소득자의 쓰지 않고 장롱 안에 묵혀 둔 입지 않는 옷 같은 돈(아니면 이 돈을 부동산 투기에 사용하여 집값 상승으로 서민들을 힘들게 함)들을 소득에 대한 세금, 보유세, 상속세(증여세) 등 직접세를 조세저항이 덜하도록 증세 로드 맵을 만들어 점진적인 증세를 하고 복지를 증진한다면 부족하지만 지금보다는 최소 사람이 살 수 있는 사회, 다 같이 잘사는 사회, 환경을 지키는 사회를 만들 것이다.

지금의 우리 사회는 발전된 기술, 로봇, 인공지능(알파고, 챗GPT)과 같은 4세대 혁명이 일어나고 있는데 왜 인류와 동식물이 살기는 점점 더 힘들어지고 각박해지는 걸까?
과학과 기술의 발전은 인간의 육체적, 정신적 노동을 적게 하여 인간의 삶을 더 편하게 하고 윤택하게 하여야 하는데 그렇지 못한 게 우리 사회의 현실이다.
일자리는 없어지는데 인간의 노동을 더 요구하는 시대, 우리는 이 사회의 극단적인 자본주의 사회를 받아들이고 용인하면서 살고 있다.

이러한 과학기술의 이익이 가진 자들에게 부가 집중됨으로써 돈이 돈을 버는 우리의 정의롭지 않은 현실이 발생하는 게 아닌가 생각된다.

성장을 하여도 그 열매가 대부분 소수에게 편중되기 때문이고 그래서 더 성장, 성장을 이야기하는 것이다.

서민들은 성장하여도 그 성장의 열매를 실감하지 못한다.

또한 우리 사회는 쓰기 위한 돈이 아닌 모으기 위한 돈을 버는 게 현실이다.

경제 규모에 비해 복지가 잘 되어 있지 않는 사회에서 혹시나 '가장이 사고로 사망을 하지 않을까?', '불치병에 걸리지 않을까?', '직업을 잃지 않을까?', '내 딸, 내 아들들이 제대로 된 직장을 구하지 못할까?'와 같은 불안한 미래에 대한 염려 때문에 여력이 있어도 돈을 쓰지 않고 모아 두거나 자녀들에 물려주려고 한다. 그렇기에 내수도 안 되고 돈이 돌지 않는다. 자녀들에겐 무조건 공부를 잘하고 남보다 앞서고(좋은 이념이지만 나와 자녀를 동일시하고 가문을 중요시하는 유교 사회의 병폐라 생각되며) 그래서 최소한 국가가 보장해 주는 9급 공무원, 더 나아가 고위공무원단, 검사, 판사, 의사, 대기업 임원, 건물주 같은 안정적인 일자리, 갑으로 살기를 원하는 것이 아닐까.

도전보다 우리 젊은이들은 안정된 삶을 원하고 개인주의가 더 되어 가고 있다.

이러한 자본주의 사회는 부가 사회의 정의가 되어 버리고 모든 것은 이루어질 수 있다는 교리가 되어 버렸다.

부를 위한 욕망은 도덕, 법, 종교, 문학 등 모든 분야보다 우선시되는 악순환이 계속되고 있다.

인류는 이러한 부의 축적을 위하여 국가 간, 개인 간 끝없는 경쟁의 악순환을 이어 가고 있으며 이제는 경쟁에서 화합으로 대경제 전환을 가져와야 한다.

공부 잘하는 이는 재수, 삼수를 하여 의사를 꿈꾸고, 고시촌에서 고시 패스를 꿈꾸는 궁극적으로는 돈 바라기 세상, 교육적으로나 경제적으로 노동적인 면에서 사회 전반적인 측면에서 비효율적이고 경직된 세상이 되었다.

권력 있고 잘사는 사람들조차도 미래가 불안한지 편법과 불법을 동원하여 더 가지려 하고 온갖 양심을 버리고 돈을 모으고 있으니 소득세(불로소득세), 재산세, 상속세, 종합부동산세 등 직접세 누진율을 더 강화해야 할 것 같다.

점진적인 증세, 보편적 증세(저소득층도 적은 금액이지만 증세)를 통하여 '돈을 가져 봐야 결국 부는 세금으로 어느 정도 사회에 환원되는구나. 그 부로 인하여 사회는 발전되고 안정되는

구나.' 하고 느낄 때 이러한 비리도 없어지고 부동산 투기도 없어질 것이다. 그리고 이렇게 낸 세금이 우리 모두의 삶의 질을 향상시키고 모두가 살기 좋은 세상을 만들 것이다.

이제야 "우리가 낸 세금 우리에게 돌아온다."라는 초등학교 때 배운 글귀가 새삼 마음에 와닿는다.

물론 탈세를 방지하기 위한 실질적인 법적, 제도적 뒷받침 또한 중요하다. 세무공무원을 증원(공공 분야 일자리 창출)하여 탈세를 방지하고 탈세에 대한 신고를 강화하고 처벌을 강화하여 사회적인 공감대를 형성해야 할 것이다.

지폐와 동전이 없는 사회는 한편으로는 이런 지폐와 동전을 안 만들기에 환경을 살리며 투명한 사회 그리하여 유리 지갑만이 피해 보지 않는 조세제도를 마련하여야 한다.

증세를 위한 로드 맵을 실현함에 있어 처음에는 시행착오가 있을지 모르지만 서서히 사회는 우리는 받아들일 것이다.

교육 문제도 마찬가지다.

나도 아이를 둔 아버지인데 공교육 커리큘럼이 잘 되어 있고 선생님께서도 능력이 있고 열성적으로 잘 가르치고 아이들을 바른길로 인도하여 주신다.

그러나 부모님들은 일등밖에 살아남을 수 있는 우리 사회에서 선행 학습을 요구하고 내 아이는 더 앞서 나가고 남들보다 우월해야 한다고 생각하기에 좋은 교육정책을 내놓고 바른 교육을 가르쳐도 성공하기는 어렵다고 생각한다. 수월성 교육, 평준화 교육 등 보수, 진보, 중도 등 교육정책을 정권마다 변경하여 시행하지만 사회가 바뀌어야 교육정책은 자연적으로 성공하리라 본다.

이런 사회에서는 인성교육이 요원하다.

일등이 아닌 이등도 아니 꼴등도 결혼도 하고 아이도 놓고 부유하지는 않지만 행복할 수 있는 사회를 만들어야 한다.

공교육만으로도 우리 아이들이 이 사회의 일원으로 사회발전에 기여하고 자아를 실현할 수 있는 충분한 교육이라 생각하지만 사회는 무한 경쟁을 요구하고 사교육을 요구함으로써 교육을 망치고 있다.

이러한 무한 요구는 학생이나 학부모, 우리 모두를 힘들게 하고 사회의 발전을 지연시킨다.

그러나 사회가 바뀌고 공교육이 정상화된다면 학원이나 개인 과외 같은 사교육이 없어지므로 이러한 분야에 종사하는 분들은 어떻게 해야 하는지에 대한 해법도 필요할 것이다. 우리나라의 사교육 시장은 그 어느 나라보다 크고 필요치 않은 노동과 교육으로 삶을 퇴보시키는 성장을 하는 것 또한 사실이다.

우리는 비정상적인 교육의 현실에서 필요치 않은 일을 하고 있고 일자리를 창출하지 않나 생각한다.

이 또한 분배를 통하여 국민의 삶을 위한 일자리 창출이 필요하며, 군이 필요치 않은 일을 하지 않아야 한다.

우리 국민들은 공부를 잘하든 못하든 교육에 전부 치중하니 문제가 해결되지 않는 것이다. 고등학교만 나와도 적정한 임금을 받으며, 설사 적은 돈을 벌어도 기초 보장이 잘 되어 있으면 군이 대학교도 보낼 필요 없고 결혼도 하고 자식도 낳고 기를 수 있지 않을까. 지방, 농촌, 어촌에서도 살 수 있고 행복을 꿈꿀 수 있을 때 자연적으로 경쟁을 줄이고 교육 문제는 해결되리라 생각된다.

우리 경제는 우리 사회가 요구하는 부의 필요충분조건을 갖추고 있으나 너무도 과도한 부의 편중과 빈약한 복지로 인하여 사회는 안정되지 못하고 부가 부족한 것이라 생각하며 인간은 가난하다고 느낀다.

공부를 잘하는 이도 못하는 이도 저마다 타고난 능력을 발휘하여 사회에 공헌할 수 있는 기회를 주어야 한다. 학교는 공부를 배우는 것보다는 사회성을 기르고 인성을 함양하는 것이 더 우선적이며 자기의 타고난 능력을 발견하고 배양하는 곳이라 생각한다.

돈을 좇기보다는 자기가 하고 싶은 일, 능력 있는 일을 할 수 있도록 이 사회의 경쟁을 완화하여야 한다.

교육적인 측면으로 보면 우리 사회는 너무도 경직되고 힘든 세상을 살고 있다. 한창 일할 나이에 노량진에서 고시 공부를 쉼 없이 하고 재수, 삼수를 힘들게 하고 고시, 의대, 인서울을 위하여 공부하는 젊은이들이 있다.

좋은 일자리는 한정되어 있는데 그 일자리를 차지하고자 모두가 쉼 없이 서로를 힘들게 하며 마이너스 게임을 하면서 젊은이들에게 필요치 않은 공부를 강요하며 젊은이들이 사회를 위한 필요한 일을 못 하게 하고 있는 것이 우리 사회의 현실이다.

교육 문제 또한 적절히 분배한다면 자연스럽게 해결될 것이다.

안전 문제도 돈 때문에 등한시되고 오로지 돈을 좇다 보니 세월호와 같은 대형 참사가 발생하고, 기사님들이 쉬지도 못하고 운전을 하다 보니 졸음운전으로 인한 대형 참사가 일어나는 것이다.

과적을 하지 않고 운행하면 기름값, 차 수리 비용 등을 빼고 나면 남는 게 없다고 한다. 그래서 과적을 하여 도로, 교량(과적은 중소형 승용차 만 대가 지나가는 것과 맞먹는다고 한다)을 파손하고 교량의 붕괴도 가져온다.

기사님들도 잘 인지하고 있지만 타이어가 오래되어 위험한 지경에 이르러도 그대로 운행하는 경우나 정비 등이 부실한 경우를 뉴스나 시사 프로그램에서도 많이 볼 수 있는데 기사님들의 운임요율이 적기 때문에 위험을 감수하고 운행한다고 한다.

이러한 위험한 운행은 기사님뿐만 아니라 도로를 주행하는 우리 모두에게 커다란 위험을 주고 있다.

기상 변화와 환경문제로 자연재해는 매년 더 많이 발생하고 인명과 재산 피해는 심화되고 있다.

자연재해를 최소한으로 막으려면 사전에 안전 점검을 하고 부실한 구조물, 교량 등 파괴를 선제적으로 대처하여야하나 예산 때문에 그지지 못하는 경우를 우리는 수시로 뉴스로 접한다.

자연재해가 아니라 발생한 대부분은 인재라고 말한다.

자연재해를 완전히 막는 것은 힘들다. 그러나 자연재해를 보다 철저히 방지하기 위해서는 무엇보다 재해 예방 예산을 필요 충분 이상으로 집행하여야 한다. 부가 이러한 안전 문제에 무엇보다 더 집중되어야 하고 이러한 곳에 일자리를 만들면 청년 일자리 문제도 해결할 수 있다.

또한 혹자는 복지를 강화하면 저소득층(기초생활 수급대상자 등)에서 도덕적 회의가 일어난다고 한다. 그러나 사실은 대기업 총수, 이사, 정규직 사원(같은 일을 해도 정규직 직원의 60%도 못 받는 비정규직), 고위공직자, 전관, 돈 많은 임대업자 등 돈과 권력을 가진 사람들이 벌어들이는 상상 이상의 임금이나 자본소득을 보면 사회적 박탈감과 더 도덕적 회의를 느낀다고 한다.

산업의 발전으로 저소득층의 일자리는 점점 더 줄어들고 있는데 더 일을 하라고 하니 답답할 뿐이다.

혹자는 젊은이들에게 헝그리 정신이 부족하다고 말한다.

중소기업이나 비정규직, 프리랜서, 아르바이트 등 안정되지 못한 곳에서 열심히 일을 하고 자아를 실현하라고 말한다.

물론 결혼을 하지 않고 아이도 안 낳고 하면 충분히 이 사회에서 즐겁게 살아갈 수 있다.

그러나 중소기업이나 자영업, 소규모 업체 등에서 일하는 젊은이들이 결혼을 하고 아이를 낳고 안정된 삶을 영위하기에는 그 젊은이들이 너무도 힘들고 태어나는 그들의 아이들도 우리 사회에서는 힘든 삶을 살 것이다. 우리 사회의 대다수 젊은이들이 안정되지 못한 일자리를 가지고 있는 사회에서 우리나라 대한민국은 저출산 문제를 해결하지 못하고 지구상에서 제일 빨리 소멸하는 국가가 될 것이다.

저출산 문제는 젊은이들에게 우리 사회가 가능한 여건에서 필요 이상의 복지를 지원할 때 가능할 것이다.

이제는 출산 문제가 개인이 아닌 국가의 책임이다.

그리고 정규직과 비정규직의 임금의 격차를 줄이는 것은 자유 민주주의 사회에서는 정부가 하기 힘든 일이다.

현실적으로 비정규직이 더 힘든 일, 더러운 일, 더 많은 일 (3D)을 하고 있다. 세금을 거두어 분배함으로써 간접적으로나마 임금 격차를 줄일 수 있고 경제적으로 조금은 정의로운 사회로 다가갈 것이다.

정의롭지 않은 사회에서 허탈감, 박탈감을 적게 하여 정신적인 질환도 적게 하여 세계 일등인 자살 문제도 많이 해결하리라 생각한다.

우리 사회(뿐만 아니라 전 세계적으로도)를 가만히 들여다보면 이제는 일자리가 없어지는 게 당연한 시대가 오고 있다. 기술은 고도화되어 '알파고' 같은 인공지능이 창의적인 인간만이 할 수 있을 것이라고 믿었던 분야까지 점령함으로써 일자리가 없어지는 것은 당연한 것이다.

아주 먼 미래를 생각하면 인류가 인공지능에 지배될지도 모르는 세상이 올 수도 있다. 물론 절대로 오지 않도록 인간이 노력해야 할 것이다.

그러므로 일자리에 대한 패러다임을 바꾸면 이러한 발전된 기술들이 인간의 육체적 노동과 정신적 노동을 적게 하고 대신해 줌으로써 인간의 수고를 줄여 주고, 인간은 고도화된

과학 기술 발전을 다 같이 영위하고 편하게 공존하며 사는 것이다.

굳이 욕심낼 필요 없는 세상이 도래하고 있는데 여전히 무한한 탐욕을 부리고 있다.

현대의 사회는 인간이 욕심을 덜 낸다면 주 3~4일제 근무도 충분히 가능하다고 나는 확신한다.

인간이 일을 덜 하고 생산을 적게 하는 것이 인간이나 환경을 위해서도 반드시 필요하며 이제는 일을 덜 하여야 하고 누리는 것을 덜 누려야 환경이 산다. 일도 덜 하고 환경을 파괴하며 누리는 삶을 덜 하여야 하고 자연환경에서 친환경적인 삶을 한없이 누려야 한다.

우리나라 영재들은 대부분 과학자가 아닌 고위공무원, 의사, 대기업 사원(안정적인 일자리)만 되려고 하고 창의적이고 우리의 미래를 준비하는 과학기술 분야의 일은 하지 않으려고 한다. 혁신 경제 또한 분배를 통하여 복지를 지금보다 더 지원할 때 성공할 수 있으리라 생각한다.

지역 간의 갈등도 마찬가지다.

국가정책이 지역 간 균형 발전을 하여야 하는데, 합리적인 결정이 되지 못하고 이익이 되는 정책에 대해서는 지역이기주의에 의해 심한 갈등을 초래하고, 지역마다 국가의 지원을 받아 국고를 낭비하면서 중복 투자하고 지자체장들은 각종 사업, 행사 등을 자기의 치적으로 앞세우는 게 당연시되는 사회다.

무분별한 지역 발전은 전 국토의 환경을 오염시키며 지역민들이 원하니 자치단체장들은 어쩔 수 없이 경제적 타산에 맞지 않는 곳에 경기 부양을 위하여 국가의 재정을 받아 투자한다. 표를 의식하기에 소신껏 정치하기 힘든 사회다.

지역 상인들은 국가의 세금 낭비와 환경 파괴를 도외시하고 오로지 이러한 사업을 함으로써 단기적인 지역 경제 활성화에 목을 매는 것이다. 살기 힘든 우리 사회의 한 단면을 보여 주는 것이다.

2018년 평창올림픽 개최는 단기적으로는 우리 사회를 단결시키고 지역 경제를 활성화시키며 발전을 이룩하고 세계 속의 대한민국을 알렸다.

그러나 장기적인 관점으로 올림픽을 바라보았다면 지역사회 경제에는 역효과를 낳는다는 것을 전문가들은 인지하고 있었지만 우리는 세 번의 실패를 경험하며 치러 냈다.

그 역효과는 강릉시에 멋있고 웅장하게 설치되어 있는 경기장들이다.

경기장을 운영하여 이득을 내야 하는데 그 방안이 전혀 나오지 않는 것이다. 전문가들에게 그 방안을 용역 의뢰하는 데에도 몇억씩 지속적으로 들어갔으나 현실적이고 직접적인 답은 찾을 수 없었다고 지역 뉴스에서 보았다.

　경기장을 방치할 수는 없고 관리를 하여야 하는데 그러면 지자체와 국가의 예산이 지속적으로 들어가게 되고 결국 국민의 세금이 투입되게 된다. 장기적으로는 비경제적이라는 것을 전문가들은 인지하고 있었지만 지역민들의 열망과 정치인들의 표를 의식한 나머지 그 누구도 올림픽을 반대하지 못하였을 것이다.

　어쩌면 현실적인 해결 방법은 경기장을 철거하는 것이 답이 아닌가 생각한다.

　결국 엄청난 규모의 경기장이 올림픽, 패럴림픽, 청소년동계올림픽 등 수회성으로 만들어진 게 아닌가 생각된다. 환경의 파괴와 인간의 수고가 얼마나 투입되었는지 우리는 각성하여야 한다.

　장애인학교를 설립하는 데 있어서도 집값이 떨어진다고 지역 주민들이 엄청난 반대를 하고 장애인 어머니가 무릎을 꿇는 안타깝고 가슴 아픈 일도 있었다. 어쩌면 살기 힘든 우리나라의 현실을 볼 때 장애인들이 편리하게 안정적으로 교육을 받을 권리에 대하여 합리적이고 도덕적인 판단을 주민들이 하기에는 무리가 아닌가 생각되며(우리나라는 자산의 80%가 부동산이기에) 이해도 안 되는 것은 아니다.

이러한 지역 갈등, 지역 내 갈등을 해소함으로써 국가정책이 국가 균형 발전을 하는 데 합리적으로 결정되어야 하는데 이 또한 증세를 하고 사회 기초 보장을 강화함으로써 지역 경쟁을 완화하는 것이다.

또한 저소득층, 노동자뿐만 아니라 인문계, 체육계, 예술계(음악, 미술 전공자) 종사자들은 참 살기 힘든 세상을 살고 있다. 책도 잘 안 팔리고, 공연도 잘 보러 가지 않고, 미술 작품도 잘 구매하지 않게 되고 있다(물론 투기성 작품에는 투자한다). 이러한 문화계에 몸을 담은 분들을 위해서도 국민들이 공연, 독서, 미술 작품에 투자할 수 있는 여력을 만들어 주어야 한다.

백범 김구 선생이 《백범일지》, 〈내가 원하는 우리나라〉에서 "우리의 부력은 우리 생활을 풍족히 할 만하고 우리의 강력은 남의 침략을 막을 만하면 족하다. 오직 한없이 가지고 싶은 것은 높은 문화의 힘이다. 문화의 힘은 우리 자신을 행복하게 하고 나아가서 남에게 행복을 주기 때문이다."라고 말씀하셨듯이 문화(문학, 체육, 예술)계를 활성화시키고 문화계 일자리를 만들기 위해서는 이 또한 분배를 통하여 서민들이 문화에 투자할 수 있는 여력을 만들어 주어야 한다.

백범 선생께서 꿈꾸었던 세상은 일본이나 조선이나 세계

인류 모두가 경제적 부를 위하여 다른 나라를 침략하고 부를 빼앗는 것이 아니라 함께 돕고 잘사는 사회, 나눔의 사회를 바라셨던 것이다.

현대의 경제 여건으로 보면 김구 선생께서 살아 계실 때보다 몇수십 배 이상으로 더 발전하였다고 생각한다.

경제적, 군사적 힘보다는 문화적 힘이 더 중요한 시대가 되었는데 여전히 인류는 경제적인 부에만 몰두하고 있다. 여전히 부를 위한 경제 전쟁, 국제적 분쟁은 끊이질 않고 있다. 분배만이 김구 선생의 유지를 받드는 것이라고 확신한다. 김구 선생은 범인류애를 표현한 것이다.

김구 선생을 생각한다면 김구 선생, 안중근 의사, 김좌진 장군, 홍범도 장군, 이희영 선생, 안창호 선생, 윤봉길 의사, 주시경 선생, 윤동주 시인 등 독립운동가와 한국전쟁에서 자유 대한민국을 위해 목숨을 바친 참전용사들은 자본주의와 정반대로 행동을 한 분들이다. 그리고 우리나라의 민주화(민주주의)를 위하여 목숨마저 아깝지 않게 생각하셨던 민주투사들은 부를 좇지 않고 목숨마저 내놓으신 참바보가 아닌가 생각된다.

그리고 임진왜란을 승리로 이끄셨던 이순신 장군 등 국난의 위기 속에서 삶을 바치셨던 분들을 생각한다면 그분들은 자기 목숨보다 중요한 가족, 부모, 아내, 자녀를 돌보지 않고 오로지 강대국으로부터 핍박받는 우리 민족과 무단 침략으로부터 지켜야 하는 국민들만이 그들의 마음에 있었을 뿐이라 생각한다.

그분들의 숭고한 정신을 생각한다면 이 시대를 살아가는 우리는 부를 조금 더 내놓는 것을 아깝게 생각하지 말아야 한다.

부를 분배하여야 한다. 부는 분배되어야 한다.

우리나라는 자살률이 매우 높다. 그리고 범죄 문제 또한 경제적 이유가 가장 크리라 생각된다. 다들 고단한 삶을 영위하면서 자살하게 되고 범죄도 저지르는 게 사실이다. 잘사는 사람에 대한 적대감은 그 어느 때보다 증가하고 청년들은 7포 세대로 전락하고 출산율이 줄어들어 산술적으로 우리 한민족이 세계에서 가장 먼저 사라진다는 보도가 최근 연일 보도되고 있다. 개인은 더 잘살고 더 누리고 싶고 더 비교 우위의 삶을 영위하고자 하지만 국가와 정부는 다 같이 잘사는 사회를 만들어 주어야 한다.

이러한 사회문제를 국가나 정부, 정치권이 진솔하게 국민에게 고한다면 우리 국민 대부분은 증세에 동의하지 않을까. 다들 동의할 것이다.

가장 중요한 것은 하나뿐인 지구를 우리 후손에게 깨끗하게 물려주어야 하지 않을까. 궁극적으론 성장 위주의 정책은 지양해야 한다. 더 많이 생산(일회용품, 화학용품, 포장지 등)하고 더 많이 소비하는 이러한 성장 정책(소비가 미덕인 사회)은 지구를 오염시키고 병들게 하여 우리 후손이 살 수 없는 땅으로 만들 것이다.

아마 인간이 없었더라면 지구는 평화롭고 깨끗하고 아름다운 별이었을 텐데, 인간의 무한한 욕심(아무리 사나운 동물이라도 배만 부르면 더 이상은 욕심을 내지 않는데 말이다) 때문에 오염되고 파괴되어 지구상의 동식물들이 살기 힘든 곳으로 되어 가고 있고 인간조차도 멸하게 될 것이다.

동시대를 살아가는 우리는 필요한 만큼만 생산하고 소비하여 전기도 아끼고(원자력, 화력발전소를 적게 만들고 가동시켜 미세먼지 문제, 안전 문제 등 해결) 일회용품도 적게 생산, 소비하고, 필요 이상의 생산을 하지 말고 재화를 골고루 분배하고, 친환경적인 제품을 만드는 데 부를 투자하고 연구, 개발하여 자동차도 적게 만들고, 일회성 용품도 적게, 육류 소비(가축을 기르는 데는 많은 메탄가스 발생)도 줄이고(그래서 비만 문제도 해결) 일회용품도 줄이고 꽃 생산(겨울철 유류 사용)도 줄이고, 음식 소비도 줄여야 한다고 생각한다.

기후변화협약(온실가스 감소)을 이행하고 지구를 살리기 위해서는 어쩔 수 없는 선택이 아닐까. 물론 이러한 업종에 종사하는 분들은 반대를 하겠지만 그래서 더더욱 분배를 통하여 복지 쪽에 일자리를 만들고 환경 정화나 안전에 관련된 일자리, 문화계, 체육계 등 사람의 욕망과 부를 위한 것이 아니라 인간의 정신적이고 안전을 위한 반드시 필요한 일자리를 만들고 일자리도 분배해야 한다.

국가(선진국과 개발도상국, 후진국) 간에도 부와 기술을 나누어야 한다. 선진국은 화석연료를 사용하여 선진국이 되었는데 후진국에서는 화석연료 사용을 제한하니 반발이 심화되고 이산화탄소 감소는 절박하지만 국가 간의 이견으로 가야 할 길이 너무도 멀고 요원하다.

국가 재난(경주, 포항 지진)이나 세월호 참사 등 국가가 재원을 마련하여 지원함으로써 국가가 해야 할 책무를 다해야 하지 않을까.

현실적으로 매우 중요한 일자리지만 기피하는 외과 의사나 간호사 인력을 증가함으로써 일자리도 창출하고 국민 보건도 증진시키고, 재난에 대비한 인력도 증가하여 일자리를 창출해야 한다.

실제로 국민들을 위해서 필요한 일자리이고 수요는 많은데 돈은 안 되고 힘든 일자리에 국가가 지원하여 일자리도 창출하고 국민들의 생명과 안전을 지켜야 한다. 이렇게 환경오염이 발생하지 않는 일자리, 인간과 자연을 위하는 일자리를 만들어야 한다.

국방 또한 마찬가지다. 군 복무 기간 단축이나 병사의 급료 인상 등으로 사기를 진작하고 튼튼한 안보를 위해서는 사병의 숫자보다는 스텔스기, 이지스함과 같은 첨단화 된 무기가 필요하지 않을까.

우리의 부를 국방에 투자하여야 한다.

물론 북한과 화해하고 한반도에 평화를 가져온다면 국방에 대한 예산도 줄이고 병력은 최소한으로 필요한 사회가 될 것이다.

세상 어떤 사회도 이상적이고 공정한 사회는 만들지 못한다. 고위직으로 갈수록 명령과 지시만 내리고(그렇지 않은 고위직도 많겠지만) 임금은 더 많이 가져가고 하위직이나 비정규직은 더 열심히 일하고 노력하여도 임금을 적게 가져가는 것이 기업이나 공직 사회나 우리 사회의 현실이다.

증세를 하여 분배함으로써 간접적으로나마 더 정의로운 사회, 다 같이 잘사는 사회를 구현할 수 있지 않을까.

담배 세금 인상에서 보듯이 세금만 따지면 두 배 이상 증세를 했는데도 처음에는 조세 저항이 엄청날 줄 알았는데 다들(실질적으로 서민들이 담뱃세 부담) 감내하고 있다. 이처럼 부동산 보유세, 소득세, 법인세 등 직접세를 점진적으로 강화하면 처음에는 반발이 있겠지만 결국은 받아들일 것이다.

　물론 앞에서도 말했듯이 탈세가 되는 돈이 없도록 조세정책과 더불어 탈세 방지 정책을 함께 고민해야 한다. 처음에는 부작용이 있겠지만 시간이 지남에 따라 서서히 안착할 것이다.

　부의 대물림은 이젠 서서히 차단하여야 한다.

　어린이집, 유치원의 국가보조금을 유용하고, 공기업 임원, 직원은 자식이나 지인에게 취업 비리를 통하여 신의 직장을 물려주려고 한다.

　우리 사회는 가장 도덕적이어야 할, 성스러워야 할 종교조차도 돈이 되는 교회, 사원은 자식(지인)에게 대물림하려고 한다. 평생을 종교에 귀의한 분들도 금전에 무너져 과연 그들 마음속에 하느님, 부처님이 있을까. 부에 고귀한 신앙심마저 무너지는 것이 작금의 현실이다.

　자본주의 사회에서 능력 있고 성실한 사람이 부를 모으는 것은 당연한 것이지만 부자들이 풍족하게 여유 있게 사용하고 남는 부를 어느 정도 사회에 환원하면 종교적으로나 도덕적으로나 천당과 천국을 갈 수 있지 않은지 생각한다.

노동의 유연성 또한 우리의 산업 여건을 바라보면 꼭 필요한 제도다.

필요한 일자리에 인력을 투입시키고 필요하지 않을 땐 인력을 뺄 수 있는 제도, 인류의 노동력을 적절히 분배하는 제도이다.

하지만 현 한국의 복지 수준보다는 훨씬 더 높아야 하고 비정규직의 능력에 따라 기본급, 수당, 퇴직금 등이 높아야 한다. 언젠가 신문을 보니 우리나라는 2023년 기준 국민 부담률(세금, 건강보험 등)이 약 27%라고 한다. 북유럽 등의 선진 국가는 약 50%대로 현재 우리나라와는 많이 차이가 난다.

직접세에 대한 증세를 하여 복지 수준이 증진될 때 노동의 유연성이 가능하고 인간의 노동이 유연화되어 굳이 필요도 없는 자리에 앉아 있을 필요가 없고 노동을 덜 하게 할 것이다. 노동을 효율적으로 운영하는 것이다.

장애인을 도와주는 일자리, 친환경적인 일자리(쓰레기 분리수거 일자리) 등 사람을 위한 일자리를 만들어야 한다. 일자리를 잃어도 대한민국이 내가 살 수 있다는 믿음을 주어야 한다.

보수와 진보의 가치를 존중하고 두 날개가 같이 움직일 때 우리 사회는 합리적이고 건설적인 사회를 이룩하리라 생각한다.

그러나 현재 우리 사회를 가만히 들여다보면 빈부의 격차 심화, 환경문제, 범죄 문제, 인구 문제 등을 직시하면 진보의 가치가 더 우선시되어야 하고 좀 더 진보적이고 평등한 사회를 지향해야만 모두가 잘살 수 있는 사회, 안전한 사회, 범죄 없는 사회, 사람이 살 수 있는 사회를 만들 수 있다고 생각한다.

공기업이나 금융권의 안정된 일자리의 입사 비리 문제 또한 우리나라가 불안한 미래를 갖고 있고 살기 힘든 사회라는 걸 보여 주고 있다.

청년 실업 문제가 심각한 상황에서 어찌 됐든 내 자식만은 정당한 경쟁이 아닌 청탁과 같은 남의 힘을 빌려서 합격시키고자 한다. 정의를 잃어버린 사회가 되었다.

입사 비리를 방지하기 위한 방안을 만드는 것은 당연하며 또한 정의로운 사회가 되기 위해서는 경쟁을 덜 하게 하고 나눈다면 이러한 입사 비리도 없어질 것이다.

왕정 시대 때에는 왕의 마음에 들지 않거나 국가의 정책에 반하면 토지나 부, 목숨까지도 뺏었다. 물론 이것은 전근대적이고 전제군주 사회에서나 가능했지만 현대 민주주의 사회는 친일파 재산 환수도 법과 제도가 뒷받침되지 않으면 불가능하다. 그만큼 부의 대물림이 공고화되고 있다.

가진 자들의 돈은 장롱에 오래 묵혀 둔 옷처럼, 다시는 입지 않고 결국 버려야 할 옷인지도 모른다. 물론 한평생 모아 둔 재산을 자녀에게 물려주겠지만 자녀 또한 이 돈을 장롱 속에 묵혀 두거나 부동산 투기에 사용할 것이다. 장롱 속에 보관해 둔 그들의 부는 진정으로 필요로 하는 이에게는 목숨과도 같은 것이었으리라.

그들에게 부는 상상적인 숫자에 불과하지 않나 생각한다.

대부분의 공산품이 너무나 잘 만들어지고 있어 망가지는 게 아닌 싫증이 나서 바꾸게 되는 만큼 수요가 점차 줄어드는 게 현실이다.

역설적이게도 경제성장을 위해서는 제품의 질은 좋으면서도 어느 정도 사용하면 잘 망가지는 내구성이 약한 제품을 만들어야 한다.

생산(농산품이든 수산물이든 공산품이든)하고 소비하는 과정에서는 필연적으로 전기, 농약, 유류 소비, 항생제 등 환경을 파괴하는 요소가 따르므로 최대한 적게 생산하고, 버려지는 것을 줄여야 한다. 기존의 환경 파괴적인 성장은 지양하고 친환경적인 생산, 즉 연료를 적게 하는 자동차, 재활용이 잘 되는 포장지, 잘 분해되는 친환경적인 포장재, 소비 전력이 좋은 제품을 만들어야 한다.

아직은 이러한 기술이 전반적으로 요원하며 환경을 파괴하지 않으며 인류의 욕망을 채울 수 있는 사회를 우리는 앞당겨야 하지만 그 사회가 오기까지 우리는 환경을 아끼며 나누며 공존하여야 한다. 욕망을 최대한 누그러뜨려야 한다.

과학기술 발전으로 생산능력은 매우 향상되었는데 사회기반 산업 등은 이미 포화되어 수요는 줄어들고 있다. TV, 신문, 자영업, 보험, 제조업, 정보통신, 금융, 서비스업, 교통업, 토목, 건설 등 모든 분야가 포화되어 수요는 한정되어 있는데 소비를 이끌어 내고자 기업 간, 자영업자 간의 무한 경쟁을 하게 되고 종사자들(한편으론 소비자들)은 엄청난 스트레스를 받게 되는 것이 현실이다.

언론 또한 이미 포화 상태로 기자들은 특종을 잡기 위해 가짜 뉴스를 생성하고 드라마나 예능도 시청률을 올리려고 스트레스를 받고, 선정적인 내용을 담고 있어 경쟁이 치열할 수밖에 없다.

쓰레기 분리수거, 재활용, 청소 인력에 투자하여 사람들의 건강을 지켜 가며 더 많은 일자리를 창출해야 한다. 우리나라만이 아니라 전 세계가 함께 플라스틱이나 비닐 등을 덜 버리고 땅 위에서도 마찬가지로 이러한 처리 비용을 국가가 지원함으로써 자발적인 환경보호를 시도해야 한다.

자본주의 사회란 과연 무엇일까.

우리는 자본주의 사회를 노력한 자가 부를 창출하고 그 부를 누리는 사회라고 배워 왔는데 현대의 자본주의는 어느 사회, 어느 부모 밑에서 태어났는지 그리고 어떤 능력을 타고났는지가 더 노력하고 애쓰는 이보다 더 삶의 결정 요인이 아닌가 생각한다.

자본주의 사회, 현대의 법은 대물림을 공고히 해 주는 것이 현실이다. 그러므로 적정한 증세를 통하여 이들의 부를 사회에 환원하여야 한다.

기업들의 법인세를 낮추고 규제를 완화하여 투자를 유도하여도 현재 수요가 포화된 우리나라에 투자를 하기는 쉽지는 않을 것이다. 공장을 짓고 투자를 하더라도 자동화, 인공지능화를 하여 일자리는 생각만큼 창출되지 않을 것이다.

최근 뉴스에서 퇴직을 하고도 대기업에 취업하여 일 년에 몇 번 출근하지 않고도 연봉이 1억이 넘는다는 기사를 봤었다. 대기업 임원들이 퇴직을 하고도 기존의 회사와 관련된 업체를 꾸려 원래의 납품업체들이 설 자리를 잃고 있다고 한다.

지구촌이라는 말이 있다. 1945년 공상과학 소설가인 클라크가 제시한 지구의 미래상으로 사람들이 모두 서로를 알게 되고 모든 정보의 혜택을 누리게 되는 사회를 일컫는 말이다. 현재는 지구촌이라는 말이 어울리는 사회가 되었다.

다만 좁은 지구촌이 환경문제로 공기가 오염되어 숨도 쉴수 없는 상황이 되어 버렸다. 아무리 잘사는 사람도 공기는 같이 마셔야 하지 않을까. 산불, 태풍, 여름의 무더위 등은 인류가 직면한 과제다. 이 역시 선진국은 후진국에 기술이나 자본을 투자하여 더 이상 환경을 파괴하는 것을 막아야 한다.

현시대는 잘나가는 개인이나 업체가 열심히 노력해도 수요는 한정되어 있으므로 다른 개인이나 기업이 죽는 세상이기에 적당히 노력하고 적당히 소비하는 습관도 필요하다. 최저임금, 주 52시간 시행, 국민연금 개정, 혁신 경제 등 중요한 정책이지만 선제적으로 소득을 더 분배하는 정책이 우선

되어야 이러한 정책들이 성공하리라 생각된다.

　지구의 환경오염 때문에 발생하는 지구온난화, 여름 고열 현상, 겨울 추위, 태풍 피해, 지진 피해와 같은 자연 재난으로 고통받는 농어촌 주민들을 위한 보상 등은 국가가 할 책무이자 책임이 되는 것이다.

　현대의 경제정책은 인류가 나누고 적게 소비하고 적게 생산하여 깨끗한 지구를 후손에게 물려주는 것이 인류가 나아갈 방향이라 생각되며 기존의 경제 학문(자연과학은 시대와 지역을 초월하여 거의 동일하지만), 사회과학[도덕, 법(로마에 가면 로마법을 따르라) 등]은 시대에 따라 변화하고 지역에 따라 다르며, 영원 불변하지 않기 때문에 현시대에 맞는 가장 적절한 방향으로 새로이 쓰여야 할 것이다.

　성장이 아닌 분배를 통하여 인류나 동식물이나 지구가 다 같이 잘 살 수 있는 경제 학문이 필요하지 않을까.
　우리는 저성장의 사회를 맞이할 수밖에 없고(저성장의 사회는 환경에는 도움이 됨), 저성장의 사회를 극복하고 저성장의 시대를 살아가며 공존하는 방법은 분배밖에 없다고 생각한다.

2장

환경 파괴와 지구 침략

지구의 모든 나라와 인류가 화합하고 합심할 수 있는 방법을 인류 스스로는 찾기가 불가능하다. 인류의 시작부터 근대에 이르기까지 인류는 생산성이 부족하고 노동으로 힘든 삶을 살아가기에 다른 이의 부를 뺏고자 하는 욕망이 심하였다. 그러나 현대의 부가 넘치는 사회에서도 여전히 인류는 다른 나라, 다른 이의 부를 뺏으려고 더 혈안이 되어 있지 않나 생각한다. 만족하지 못하는 인간의 무한한 욕망 때문일 것이다.

인류의 역사를 보면 모든 역사에서 인류는 뺏고 뺏기는 전투를 끊임없이 이어 왔고 평화로운 시기는 거의 없었다.

인류의 역사에서 보듯이 한 나라의 흥망성쇠의 가장 중요한 부분은 부의 분배가 잘 이루어지느냐 아니면 권력과 부가 한 계층이나 몇몇 사람에게 집중되느냐에 달려 있다는 것을 말해 준다. 신라, 고려, 조선의 흥망성쇠, 프랑스대혁명, 영국명예혁명의 발생 원인 등 인류의 역사 속에서 인간의 부와 권력의 집중, 부패로 많은 나라가 멸망을 맞이했다.

아직도 국지적인 전쟁이 일어나고 있는 중동처럼 1차 세계대전 이후 적절한 영토의 분배가 이루어졌더라면 두 나라는 평화로운 팔레스타인에서 평화를 이룰 수 있을 것인데 적은 수의 유대인에게 더 많은 영토를 주었기에 중동을 끝없는 분쟁 지역으로 만들고 있다.

팔레스타인 민족이나 이스라엘 국민이나 전쟁의 불안으로 삶은 피폐해지고 있다. 전쟁이 인간에게 가장 무서운 것이다.

궁극적으로 무한한 영광을 가질 수 없을 텐데, 역사 속에서 배우고 현실을 직시하고 권력과 부를 조금씩 내려놓는다면 우리 사회는 멸하지 않고 지속 가능한 사회로 갈 수 있지 않을까 생각한다.

현대에는 전쟁이 국지적으로 지구상에서 일어나고 있고 인류는 서로 화합해야 한다는 말은 하지만 더 큰 전쟁은 경제 전쟁으로 강대국과 약소국 사이에, 기업과 기업 사이에, 개인과 개인 사이에도 치열하게 일어나고 있다.

우리 지구인이 화합하는 방법은 SF 영화에서 여러 사람에 의해 얘기되고 있는 화성인의 침공, 외계인의 침공, 아마겟돈(운석의 지구 충돌 영화) 등 외계 세력에 의해 침공당할 때 하나가 되어 인류를 구하고자 화합하여 저항할 것이다.

그러나 이러한 얘기는 어디까지나 영화 이야기일 거라고 생각하고, 상상 속에서나 생각하고 '그런 일은 없겠지.' 하며 일상을 살아가고 있다.

만약 외계인이 우리 지구를 침략한다면 인류는 모두가 한 마음으로 싸울 것이다. 인류는 이러한 외부의 적의 침략과 위기 속에서 하나라는 단합된 힘을 모을 것이다.

현재 우리 인류가 맞닿아 있는 가장 큰 위기이자 지구의 침략은 환경오염이고 이 환경오염은 인간 스스로 지구를 파괴하고 인류를 멸망시키고 있다. 환경오염, 환경 파괴라는 위기 속에서 인류는 어떤 선택을 하여야 할까.

첫째, 환경오염의 최고 주범인 화석연료 사용을 줄여야 한다.

전기를 적게 사용하고 제품을 덜 만들고 자동차를 덜 움직이고 친환경 전기를 생산함으로써 친환경 에너지를 전기로 대체해야 한다. 다만 여전히 갈 길은 멀고 지구는 파괴되고 있다.

다음은 모든 재화를 덜 생산하고 사용할 수 있는 한 최대한 사용하고 덜 버림으로써 쓰레기를 줄여야 한다. 이러기 위해서는 성장이라는 환경 파괴적인 경제정책에서 벗어나야 한다. 성장을 통해 인류의 욕망을 채울 것이 아니라 덜 성장함으로써 서로 나누고 일을 적게 하고 부를 직접적으로 나누는 것이다. 인류는 하나가 되어 인류의 부(재화)를 덜 생산하고 덜 버리고 모두가 부를 나누어야 한다.

서로 부를 위하여 싸우는 것이 아니라, 환경을 파괴할 것이 아니라, 부를 한쪽으로 쏠리지 않게 하고 나누는 것이다. 우리는 환경을 의식하며 살아야 한다.

우리의 행동 하나하나가 환경을 파괴하는 건 아닌지 생각해야 한다. 우리가 부를 누리는 것만큼 환경은 파괴되고 있다.

자원 낭비와 환경 파괴적인 사소한 행위는 결국 나 그리고 우리 모두에게 영향을 미친다.

이러한 환경친화적인 행위는 자본주의 사회에는 맞지 않는 행위인 것이다. 많이 소비하고 많이 버려야 발전소 매출을 올리고 에어컨, 세탁기 등도 많이 돌려 빨리 교체하도록 하여 가전제품 회사의 매출을 올리고 자동차도 많이 타고 다녀 자동차 제조회사의 매출도 올리고 뷔페 등 음식도 많이 소비하여 음식 공급업체의 매출을 올려야 농어민 등 서민들의 일자리도 창출한다.

자본주의는 산업의 발전을 가속화시킨다. 그러나 환경을 파괴하고 인간의 노동을 필요로 할 수밖에 없다.

거꾸로 경제학을 바라본다면 적게 만들고 적게 소비하고 적게 일하고 적게 매출을 올리고 소득을 나눈다면 환경친화적인 사회에서 모두가 행복하고 맑은 공기를 마시며 인류를 비롯한 지구상의 모든 동식물이 행복한 지구를 만들 것이다.

이제는 자본주의, 사회주의, 수정자본주의, 신자유주의 등 경제 역사와 정책을 직시하고 현시대에 맞는 그 적정한 경제정책을 찾아야 한다.

이러한 경제사상은 그 시대의 불합리적인 불평등을 해결하고 사회를 좀 더 발전시켜 모든 인류가 행복하고자 했던 철학자, 사상가, 경제학자들의 고뇌에 찬 이념이었으리라 생각된다.

현대의 그 적정한 경제정책을 찾지 못한다면 환경의 파괴로 공멸할 것이다.

그 답은 성장을 적게 하고 분배를 서서히 하는 것이다.

국가가 화합할 수 있는 길은 일단 각국이 부를 나누는 정책을 우선적으로 시행함으로써 그 사회를 안정시키고 대부분의 국민을 빈곤에서 탈피하도록 하여 국가 간의 경제 전쟁을 덜 하게 하여야 한다. 이러한 경제 전쟁은 냉전과 실제 전쟁으로 나타나게 된다.

부의 분배는 국제적인 경제 경쟁과 전쟁을 덜 하게 하여 군축을 가능하게 하고 군비를 아낄 수 있고 젊은이들이 인류를 전쟁으로부터 희생하지 않을 것이다.

　원자폭탄, 재래식무기, 군사훈련 등 국가 간의 경제 전쟁, 군사 전쟁을 적게 함으로써 군인이라는 직업도 최소한으로 필요로 할 것이고 무기를 만들고 폐기함으로써 지구를 안전하게 하고 환경을 지킬 것이다.

3장

《국가란 무엇인가》라는 책을 읽고

《국가란 무엇인가(유시민 作)》란 책의 구성은 제1장 〈국가란 무엇인가 1-합법적 폭력〉부터 〈국가란 무엇인가 2-공공재 공급자〉, 〈국가란 무엇인가 3-계급지배의 도구〉, 〈누가 다스려야 하는가〉, 〈애국심은 고귀한 감정인가〉, 〈혁명이냐 개량이냐〉, 〈진보정치란 무엇인가〉, 〈국가의 도덕적 이상은 무엇인가〉, 〈정치인은 어떤 도덕법을 따라야 하는가〉라는 내용의 총 9장으로 구성되어 있다.

작가는 먼저 '국가란 무엇인가'라는 것에 대한 정의부터 얘기한다. 국가를 '국민과 국민 외부 세력에 대한 합법적 폭력 기관'으로 보았던 홉스와 마키아벨리의 논리를 얘기한다. 하지만 국가는 합법적 폭력 기관인 동시에 국민에게 공공재를 제공하는 공급자이기도 함을 애덤 스미스, 루소, 스튜어트 밀, 소로 등이 내세웠던 여러 가지 이론과 다른 설명들로 뒷받침하여 준다. 마지막으로 '국가란 무엇인가'라는 질문에 대해서, 국가를 '권력기관을 장악한 혹은 국가의 권력기관을 장악하여 지배하려는 계급 지배의 도구'로 보았던 마르크스와 공산주의의 시선을 소개한다.

여기서 국가라는 것은 합법적인 폭력 기관이며 개개인이나 소수의 단체가 할 수 없는 공공재를 공급하는 공급자이기도 하지만, 지배계급의 도구로도 사용되는 이 국가를 그럼 누가 다스려야 하는가 하는 질문을 다시 던진다. 자신과 같은 철인이 다스려야 한다는 플라톤, '측은지심', '수오지심', '사양지심', '시비지심'을 모두 갖춘 군자가 다스려야 한다는 맹자 등을 얘기한다. 그리고 민주주의에 대해 일전 그의 토론에서 들어서 인상 깊었던 말인 "민주주의는 가장 똑똑한 사람을 뽑는 제도가 아니라, 멍청하고 악한 사람이 뽑혀도 나라를 망치지 못하게 하는 제도이다."라고 말한다.

출처: https://rootahn-book.tistory.com/98
[YK의 책 이야기:티스토리]

이 책은 고대, 중세, 근현대의 역사 속에서 국가의 역할이나 국가를 지배하는 국주와 현대의 민주주의 사회에서 국민을 대표로 하는 권력자가 어떻게 국가를 다스려야 할지에 대한 시대에 따른 철학자들의 사상이 담겨 있기에 내가 이해하기에는 많은 어려움이 있었다.

그러나 작가가 말하고자 하는 국가의 의미나 통치자의 역할은 충분히 이해할 수 있었다.

역사에서 보면 과거 전제군주, 절대왕정의 국가는 군주와 지배계층을 위하여 다른 나라를 침공하고 백성을 단순히 국가와 통치자를 위한 도구로 생각하며 백성 위에 군립하던 시대였다.

개인, 백성보다는 군주와 국가가 먼저이고 나라가 있어야 개인, 백성이 있다는 사상 아래 백성은 나라와 군주를 위하여 생명과 재산 등 개인의 모든 것을 바쳐야 한다고 생각했다.

　그러나 절대적인 전제군주 시대지만 백성이 편하고 잘 살아야 나라가 번성하고 강화된다고 생각했던 동서양의 성군, 즉 우리나라의 세종대왕처럼 위민정책을 폈던 나라와 시기도 있었다.

　즉, 왕권이 강하던 중앙집권 시대에는 왕의 자질과 도덕성이 백성의 행복과 국가의 미래를 좌우하였다.

　성군들은 지배계층이나 귀족, 왕족들의 행복도 중요하지만 전체 백성들이 행복한 세상을 꿈꾸었었다.

　고대국가나 중세국가, 근대국가에서도 정치나 경제 등 사회현상을 바라보면 지배계급과 실질적으로 부를 만드는 피지배계층이 적정한 부를 가져가며 분배가 잘 이루어질 때 국가는 번성하였으며 폭군이나 관리들이 권력을 이용하여 부패하고 백성의 부를 착복할 때 민란이 일어나고 국가를 이루는 대부분의 백성이 힘들고 안정된 사회를 못 이루기에 국가는 스스로 내분에 의해 왕조가 바뀌거나 외세의 침략으로 멸망하게 된다.

　경제학의 개념이 없는 시대에도 부의 적정한 분배가 국가의 가장 중요한 덕목이며 치자나 피치자 모두가 행복한 사회를 지향할 때 한 국가는 번성하고 오래도록 지속하였다고 역사 속에서 말한다.

그러므로 현대의 국가는 기본적으로 도덕적이어야 하며 그 도덕성 위에 힘과 부가 있어야 한다.

현대의 가장 문제가 되고 있는 부의 편중이나, 환경의 파괴를 극복하고 지속 가능한 사회를 만드는 것이 현대 국가의 가장 중요한 역할이 아닌가 생각된다.

많은 부를 생산하는 것 못지않게 부의 집중을 방지하는 법과 제도를 만들고 환경을 위하는 정책을 무엇보다 우선시하며 모든 국민과 동식물, 자연환경이 행복한 세상을 만드는 것이 국가가 해야 할 일이다.

그러기 위해서는 단순한 정책이지만 적정한 세금 정책을 펴 흑자 예산을 편성하여야 한다.

흑자 예산이 될 때 인구 문제, 안전 문제, 환경 문제, 교육 문제 등 사회 여러 문제를 국가가 적극적으로, 능동적으로 해결할 수 있다.

국민이 욕망을 덜 갖게 하고 많은 부의 축적보다는 나눔의 기쁨을 조금이라도 느끼도록 이끌어야 한다.

인간의 본성은 부에 대한 욕망보다 나의 부를 나눌 때 이타적일 때 더 행복감을 느끼지 않나 생각한다.

　나의 욕망보다는 이타적인 사상, 아니, 나 개인의 욕망이 인류애의 실현이라 생각했던 사상가나 선각자, 이들은 우리 사회의 큰 별로 인류의 칭송을 받고 있다.

　그러나 현대 대부분의 국가는 신자유주의 경제 이론을 신봉하면서 작은 정부와 시장경제, 분배보다는 성장을 지향하면서 분배를 강조하거나 증세를 얘기하면 '좌빨'이라고 원색적 표현까지 하면서 비난한다. 정치권이나 경제계, 그리고 일반 사회 모든 분야에 이러한 신자본주의적인 이념이 깊숙이 스며 있다.

　20세기 미국, 유럽 등 서방국가와 러시아(구소련), 중국 등 공산주의 국가 간의 경제적, 정치적 이념 대립 과정, 특히 우리나라는 남북의 한국전쟁과 더 심화되고 있는 남북의 적대시하고 있는 분단의 현실 속에서 경제적, 정치적으로 극단적 이념을 벗어나지 못하고 현실을 직시하지 않고 있다.

　현대의 신자유주의 경제 이념은 사회주의 또는 공산주의, 수정자본주의의 경제적 이념을 물리치고 주류 경제학 이념으로 자리 잡았다.

　러시아, 중국 등은 정치적으로는 공산주의를 채택하지만 경제학적으로는 신자유주의 경제학을 채택하고 있다.

　신자유주의는 전 인류의 주류 경제학이 되었다.

현대에는 신자유주의 경제학의 여러 문제점을 발견하고 시정하고자 노력하고 있지만 여전히 배타적이며 현시대의 지배적인 경제 이념 신자유주의를 넘어서지 못하고 있다.

그런데 우리는 일반적이고 경제적 상황이 좋을 때는 정부의 개입으로 증세나 규제 등을 배척하지만 경제가 안 좋을 때나, 자연재해로 인한 피해를 보았을 때, 주변 환경의 변화로 경제 여건이 힘들어질 때처럼 팬데믹 상황에서는 더욱 국가에 대한 큰 정부의 역할을 하도록 요구하는 목소리가 높아진다.

하지만 이러한 요구의 대부분은 경제적 지원이다. 자연재해와 사회적인 위기가 닥칠 때, 물론 개인적으로도 경제적 위기의 상황에서는 당연히 국가가 지원하고 책임을 지는 것이 당연하다. 그러나 이러한 지원을 하고 문제를 적극적으로 해결하기 위해서는 정부가 부유해야 한다.

우리는 평소에는 정부가 개입하고 증세하는 것에 대하여 신자유주의라는 경제이론을 들어 사회를 비효율화시키고 인간의 욕망과 의지를 꺾고 성장을 저해하고 사회 발전을 퇴보한다고 정부를 비난하지만 어렵고 힘들 때는 정부가 적극적으로 개입하고 해결해 주기를 간절히 바란다. 우리 인간의 이기심이 경제정책에도 그대로 녹아 있다.

내가 힘들 땐 사회주의의 이념을 바라는 것이다. 그러므로 우리가 조금씩 세금을 더한다면 우리의 힘든 여건을 국가가 나서서 적극적으로 해결해 줌으로써 국가의 구성원 모두가 안정적이고 행복한 사회를 만들 수 있을 것이다.

현대 자본주의 사회는 규제를 풀어 성장을 이룩하고 일자리를 창출해야 하고 부를 증진시켜야 한다고 신자유주의 경제학은 말하고 있다.

즉, 규제를 풀어 많이 생산하고 많이 소비하고 많이 일하지만 이러한 규제 완화는 환경을 파괴하고 인류를 힘들게 한다.

그러나 규제란 나쁜 규제도 있지만 인간과 환경, 안전을 위하여 필요한 좋은 규제들이 대부분이다. 인류의 발전 속에서 최소한의 규제를 하게 된 것이다. 물론 시대의 흐름에 맞게 규제를 없애기도 하고 규제를 강화하기도 한다.

환경, 안전, 노동, 의료 등의 규제를 강화함으로써 일자리를 창출하고 환경, 안전, 노동, 의료의 목적을 달성할 수 있다. 규제를 하는 이유와 규제를 완화해야만 하는 이유를 꼼꼼히 분석하여 사람과 환경, 지구를 위한 규제는 더 강화하여야 한다.

규제를 강화함으로써 피해를 보는 직종이나 시민에게는 적극적인 경제를 지원함으로써 전체 국민을 위한 정책이 적극적으로 실현될 수 있도록 국가는 그 책임을 다하여야 할 것이다.

정부가 저출산 고령화 문제, 특히 환경 문제 등을 해결하기 위해서는 어떠한 정책보다도 국가가 돈이 있어야 적극적으로 해결하는데 우리 정부는 물론 세계적으로도 선진국뿐만 아니라 개발도상국 등 대부분의 정부는 빚투성이다.

이건 적자예산 때문이다. 이제는 적극적으로 증세를 이야기하여야 하고 국민을 이해시켜야 한다. 국민도 이제는 점진적 증세, 세금의 책임을 같이하여야 한다. 우리가 낸 세금이 우리 모두에게 다시 돌아와서 우리 모두를 살린다.

산업과 과학기술이 발달할수록 개인보다는 국가의 재원이 더 많아야 현대사회의 많은 병폐를 해결하고 문제점을 해결하여 안전한 사회, 깨끗한 사회, 사람이 사는 사회로 만들어 갈 수 있다.

생산을 덜 하는 사회, 국가가 해야 할 일, 우리 모두가 상생으로 이끌어야 한다.

　700만 년 전 인류의 기원부터 현대 인류의 부를 생각한다
면 부는 너무도 충분하고 넘치기에 국가가 해야 할 일은 성
장을 통한 간접적인 분배가 아니라 분배라는 복지 사회로 가
야 하는 것이 시대정신이고 인류가 살길이다.

4장

시대에 따른 자본주의

초기자본주의 시대는 개개인의 이기적인 욕망과 행동, 무한 경쟁, 완전한 시장 원리가 국부를 창출한다고 애덤 스미스는 생각했다.

절대왕정의 시대가 끝나고 시민사회, 자유의 시대가 도래되었으나 사회의 발전과 국부는 매우 미흡한 사회였기 때문에 경쟁 사회에서 인간의 욕망을 최대한 발휘하고 개개인이 힘써 노력함으로써 발전된 사회를 만들고 국부를 증진시켜 시민 모두가 행복하게 하는 사회를 만들고자 했다. 초기 태동의 산업사회이기에 수요보다는 공급이 더 요구되는 사회였기 때문이다.

지금의 사회와 비교한다면 공급이 턱없이 부족한 사회였다.

그 시대의 발전 상황과 인간의 이기심과 욕망을 잘 활용한 적정한 경제정책이다.

18세기 말 초기자본주의 이념과 산업혁명은 과학기술과 산업을 발전시켜 생산을 극대화하여 인류의 욕망을 채움에 따라 과학기술의 발전은 우리 사회를 이상적인 유토피아의 세상으로 이끌 것이라고 확신했다.

그러나 1920년대 경제 대공황의 발생은 공급이 수요를 앞섰고 인간의 통제되지 않은 무한한 이기심에서 빈부의 격차는 심화되어 생산은 증가하는데 소비는 위축되는 사회가 되었다.

물론 아직은 피부에 와닿지는 않지만 인간의 이기심에 환경은 점차 파괴를 가져오고 있었다.

산업사회의 발전으로 공급은 엄청나게 증가하였고 일자리는 없어지고, 인간의 무한한 이기심으로 부의 집중은 심화되어 수요가 창출되지 못한 시기이다.

성장은 국가, 기업, 개인 등 경제주체, 개인과 개인 간의 부에 대한 균형을 이룰 때 이루어진다고 자본주의 경제학에서도 말하고 있다.

부가 한쪽으로 쏠리면 대부분의 일반 시민이 소비자인데 소득이 감소하여 소비를 위축하게 하고 생산을 적게 하여 일자리를 잃게 되는 악순환이 계속되어 경제를 침체하게 한다.

물론 한쪽으로 쏠린 부를 가진 이가 소비를 극대화하고 생산에 투자하여 일자리를 만들고 낙수 효과를 가져온다고 신자유주의자들은 말하고 있지만 너무도 한쪽으로 쏠린 부는 소비를 진작시키기에는 한계가 있다. 대부분의 국가에서 실현되지 않고 있다.

이러한 성장주의 낙수 효과 정책은 생산과 소비를 극대화하여야 하기에 근본적으로 환경을 파괴하는 경제정책이다.

자본주의와 산업사회의 발전에 따라 수요의 증대가 중요하고 부의 분배가 필요한 시대였으나 초기자본주의 이론을 이 시대에 적절하게 수정하지 못하여 자본주의의 극단인 수정자본주의(그 시대에서는 사회주의라 비판하는 이도 있었다)라는 새로운 경제학을 낳게 되었다.

　영국의 경제학자 존 메이너드 케인스와 미국의 제32대 대통령 프랭클린 D. 루스벨트는 이 시대의 문제인 경제 대공황을 잘 통찰하고 이 시대에 맞는 적절한 경제이론과 정책을 펴 부를 분배하고 큰 정부를 통한 국가 사회 기반 시설을 확충함으로써 일자리를 만들고 유효수요를 창출하여 경제 대공황을 극복하였다.

　앞선 초기자본주의, 수정자본주의 시대에는 산업 발전이 지구의 환경을 파괴하지 않는 사회였기에 경제정책의 목표가 오로지 많이 생산하고 많이 소비함으로써 성장을 이끌고 인간의 삶의 질을 향상시키는 것이었을 것이다.

　케인스 이론은 경제 대공황이라는 세계적인 경제적으로 어려운 시기를 잘 헤쳐 나왔고 인류의 경제 발전과 부를 가져왔지만, 정부의 경직된 경제정책이 경제적 상황에 맞춰 적절하게 수정되어야 했지만 초기자본주의 경제정책처럼 경제정책이 사회의 현황을 담아야 하는데 그러지 못하였다.

경제 발전에 비해 너무도 큰 정부, 과도한 세금, 복지정책 (요람에서 무덤까지)은 대공황을 빠져나왔으니 조금씩 자유주의 경제학으로 수정되어야 하는데 그러지 못하고 계속 수정자본주의 경제정책을 유지했던 것이 인간의 욕망과 기업의 의지를 꺾고 경제발전을 저해했던 것이다. 이 시대에 중동전쟁으로 인한 3차에 걸친 석유파동으로 생산 단가가 비싸짐으로써 스태그플레이션이 발생하였다.

이러한 스태그플레이션이 발생하기 전에 경제정책을 시대에 맞게 적절하게 세밀히 수정하여야 하였으나 수정자본주의는 스태그플레이션으로 인하여 신자유주의란 경제정책으로 너무나 급격하게 자유주의 시장 경제 체제로 선회하였기 때문에 초기에는 세계화와 자유주의 이론으로 이러한 스태그플레이션을 극복하고 경제발전을 가져왔지만 이 신자유주의는 경제, 산업 발전에 적절히 대응하지 못하고 엄청난 부의 집중을 가져왔고 국가 간에도 너무도 심각한 경제적 불평등을 가져왔다.

인간의 욕망을 심화시켰고 성장이란 미명하에 환경을 파괴하고 인간성을 파괴하였다.

이러한 초기자본주의, 수정자본주의, 신자유주의 자본주의와 소련, 중국 등 동구권 국가의 경제모델인 사회주의, 공산주의 등 인류의 경제사와 과학기술과 산업의 발전을 잘 들여다보면 그 안에 경제정책을 어떻게 펴야 할지 답이 있다.

이러한 이념들은 인간을 위한 학자와 학파들의 오랜 연구와 사회 발전과 현상들을 바라보고 사회를 발전시키고 인간을 행복하게 하고자 하는 사상을 담고 있다.

그러나 이러한 정치, 경제적인 사상을 인간의 욕망이 사상을 왜곡하고 극단의 길로 이끌어 각각의 경제적 이론에 대한 새로운 학자들의 비판을 낳게 되고 여전히 경제적 이론은 학파와 학자에 따른 논지가 여전하다.

경제학은 법칙이 아니고 경제, 산업 발전의 정도와 환경을 생각한 적정한 분배와 성장 이론이 되어야 한다. 지금 이 시대에 요구되는 경제정책은 무엇보다 성장이 아닌 분배, 그리고 환경을 최우선으로 하는 정책이 되어야 한다.

애덤 스미스는 자유방임주의, 이기심을 통한 무한 경쟁을 《국부론》에 서술하지만 《도덕감정론》에서는 질서를 파괴하게 하는 무한 경쟁이 아니라 도덕적이고 객관적인 행위 규준에서 이기심을 말한 것이다.

현대자본주의에서는 이러한 인간의 이기적인 행동이 산업을 발전시키고 어마어마한 부를 가져왔지만 빈부 격차의 심화, 환경문제, 사회문제 등 사회를 지탱하기 어려운 지경까지 이끌어왔으나 여전히 신자유주의를 신봉하고 있다.

인간의 이기주의는 극대화되어 빈부 격차는 심화되고 오늘날에는 모든 분야에서 너무나 많은 공급으로 인하여 수요는 한계에 봉착하고 중복 투자되고 자본에 매몰되다 보니 효율은 저하되고 경직되어 경쟁만이 남아 있는 사회가 되었다.

이런 이기심은 분배와 정의는 무시되고 부의 집중은 매우 심화되고 부의 대물림, 부동산 투기, 임대비 상승 등, 부는 부를 낳고 자본주의가 추구하는 인간의 노력을 이끌어 내야 하는데 젊은이들에겐 7포 세대라는 좌절을 남겨 주었다.

공장, 건설, 토목 분야 등 생산 기반 시설은 많아지고 생산성도 기술의 발전으로 노동은 점점 더 필요 없게 되고 그에 따라 자영업자 수는 점점 더 증가하고 있고 일자리에 대한 경쟁은 더욱 심화되었다. 교육은 일자리와 금전적 이익을 추구하는 도구가 되어 버렸다. 자영업자나 노동자의 공급도 사회의 요구보다 넘쳐 나게 되어 더욱 경쟁은 심화되어 간다.

생산 시설뿐만 아니라 학계, 예술계, 체육계, 방송, 서비스업 등 모든 분야가 공급이 넘쳐 나는 현실이다. 모든 분야에서 상위 계층만이 생존할 수밖에 없는 생태계다.

이런 신자유주의 방법으로 자본주의를 유지하기 위해서는 자원을 무분별하게 사용하여 생산하고 소비하고 가능한 빨리 버리고 환경을 파괴하는 일련의 일들이 끝없이 일어나고 있는 것이다.

너무나 비효율적이고 환경은 파괴되고 우리 사회는 풍족한 듯하지만 인간의 마음은 너무도 여유가 없고 획일적이며 공존하기 힘든 사회가 되었다.

예전이나 지금까지는 개인이 이기심을 극대화하여 소수가 무한한 부를 가져도 사회는 유지되었지만 지금의 우리 사회를 조금만 들여다보면 공존하지 않으면 가까운 미래에는 모두가 공멸하게 된다.

인구는 감소하고 환경은 파괴되어 지구는 사람이 살 수 없는 별로 변하고 있다.

1970년대 신자유주의 이후 경제 발전의 정도에 맞게 증세를 통한 부를 분배하고 환경과 안전, 사회의 안정을 도모했다면 자본주의는 인간의 이상을 추구하는 이상적인 경제정책이 되었을 것이다.

초기자본주의 경제이론(국부론)을 경제 발전의 정도에 따라 점진적인 증세와 분배, 정부의 역할을 조금씩 크게 하였다면 대공황이나 스태그플레이션, 환경문제, 빈부 격차 문제를 줄이고 시대에 맞게 적절히 경제정책이 실현되었다면 현대는 다 같이 풍요롭고 인간의 이기심을 적절히 조정하여 인간성을 잃지 않았을 것이며, 인류의 최대 위기인 환경 파괴, 지구 온난화 등 환경문제가 일어나지 않았을 것이다.

초기자본주의에서 수정자본주의, 신자유주의 경제정책으로 급격한 경제정책의 변화가 아니라 경제 상황에 맞게끔 조금씩 수정되어야 했다.

일반적인 인플레이션은 한 나라의 경제가 성장하면서 투자와 임금이 상승하고 소비가 늘면서 경기가 가열되고 물가가 상승하는 현상으로 적정한 인플레이션은 경제 발전을 반영한다.

과도한 인플레이션은 국가가 금리 인상, 국가채권을 발행하는 등 통화량을 적절히 조절할 수 있다.

그러나 최근의 인플레이션은 환경 파괴, 우크라이나 전쟁 및 팬데믹의 후유증, 중국의 임금 상승 등의 여파로 인플레이션, 스태그플레이션, 디플레이션 등 경제적 불황이 발생하고 있다.

인플레이션은 유가 상승, 환경 파괴로 인한 곡물 등의 공급 부족으로 물가가 상승하는 것이다. 그러나 인플레이션의 경제 환경 속에서는 소비를 덜 하게 하고 공급을 덜 하게 하여 환경을 살릴 수 있다.

　그러나 현재의 인플레이션은 사회적 약자와 저소득층을 힘들게 한다. 성장이라는 목표가 아니라 직접적 분배를 하여 모두가 중산층이 된다면 사회가 경제적으로 안정된다면 이러한 비용적 부담을 털어 버리고 적절한 소비를 통해 인플레이션을 이겨 낼 수 있을 것이다.

　인플레이션의 경제에서 분배를 더한다면 합리적이고 절제된 소비와 사회에 꼭 필요한 재화만을 생산함으로써 환경의 위기와 경제 침체에서 벗어날 수 있다.

　디플레이션의 경제정책, 경제학은 분배이다. 디플레이션 상황도 환경을 살린다. 일본의 경제 여건을 보면 답이 있다. 적절한 직접적 분배가 안 되었기 때문이다.

　돈이 많은 부유층은 돈을 쌓아 놓고 있고 저금리 경제구조에서 실물경제에 투자되지 못하고 부동산 투기에 부자나 빈자나 모두가 올인하였기에 경제는 부동산 거품이 발생하고 결국은 이러한 거품이 붕괴됨으로써 부는 더 한쪽으로 치우쳐 빈부의 격차가 더 많이 심화되어 대다수 서민은 일자리를 잃고 소비 여력이 없다. 부동산으로 인한 수익은 정부가 환수하고 사회에 투자하였다면 부동산의 거품을 덜 하게 하고 극도의 스태그네이션은 없을 것이다.

이러한 부를 적절히 나눈다면 소비 여력을 가능하게 하고 점진적 성장을 이루게 하여 일자리도 만들고 경제활동도 가능케 할 수 있다.

일본은 플라자합의로 인하여 엔화의 강세로 수출 주도형 경제 상황 속에서 수출이 줄고 기업이 도산하고 개인은 직장을 잃은 것이다.

수출 주도 성장 국가이지만 부의 분배를 적절히 한다면 사회를 안정화시키고 국제적 경제 정세 변화로 수출이 여의찮을 땐 내수를 활성화시켜 스태그플레이션이 발생하지 않고 경제의 성장을 가져올 수 있었을 것이다.

일본 경제를 보면 우리는 경제를 어떻게 운용해야 할지 답이 있다.

꼭 필요한 소비는 해야 한다. 환경이 감당하는 소비 경제가 위축되지 않고 적절한 성장, 서로 나누는 직접적 소비(성장), 직접적 부의 분배를 통하여 디플레이션 경제 상황 속에서 분배 정책으로 벗어날 수 있다.

스태그플레이션의 경제정책 또한 분배, 나누는 것이다.

경기 침체 속의 물가 상승, 이 또한 환경에는 도움이 될 것이다. 소비를 덜 하게 하고 생산을 덜 하게 하기 때문이다.

부의 분배를 직접적으로 한다면 모두가 중산층, 여유로운 삶 그리고 소비의 여력을 주어서 물가가 상승하더라도 필요한 만큼의 소비를 할 것이고 경제의 위기를 이겨 낼 수 있을 것이다.

우리 인류의 역량은 생산은 최고이기 때문에 적정한 분배를 한다면 모두가 경제적, 심리적 부자이기 때문에 인플레이션, 디플레이션, 스태그플레이션의 경제 역경을 이겨 내고 적정하게 소비하면서 경제적 불황을 이겨 낼 수 있을 것이다.

생산을 적게 하고 소비를 적게 하고 필요한 만큼 소비를 한다면 인간을 노동에서 해방시키고 주 3일제도 가능하게 할 것이다. 최근 소비는 줄고 성장이 둔화됨은 인류를 위한 기회이다.

이러한 경제 환경은 지구를 깨끗하게 하고 우리의 미래 세대가 지구에서 숨을 쉬게 하고 맑고 깨끗한 환경에서 살아갈 수 있게 할 것이다.

요즘 아파트 가격이 하락하는데도 건설은 계속되고 있다. 우리의 건설업체는 계속 일을 하고 그래야만 이차, 삼차 협력업체도 어쩔 수 없이 아파트를 건설해야만 한다. 우리의 공급은 모든 곳에서 넘친다.

이제 인간은 쉬고 멈추어야 한다.

성장과 사회 발전을 위하여 끝없이 폭주할 것이 아니라 환경을 지키면서 인간의 쉼 속에서 상상력과 창의력을 극대화하여야 한다.

생산, 판매, 소비 끝없는 반복의 노동과 스트레스 속에서 발전이 아니라 자연스러운 사회의 발전을 이룩해야 한다.

그러기 위해서는 부를 나누고 인류는 화합하여야 한다.

세계 국가의 지도자들은 인류를 경쟁이 아닌 화합으로 이끌어야 한다.

그렇지 않으면 우리의 후손들에게 극한의 파괴된 환경을 물려줄 것이고 아니면 인류는 환경의 파괴로 멸망하지 않을까 하는 우려를 지금의 환경이 말하고 있는데 여전히 인류는 적극적이고 실효성 있는 대책은 요원한 것 같다.

여전히 자본주의 이념과 인류의 경제적 욕망을 채우기에 급급해 환경은 뒷전이 되고 있다.

현대의 경제 상황은 마이너스 게임이다.

애덤 스미스의 '보이지 않는 손'에서 초기 경제학은 무조건적인 인간의 탐욕을 극대화한 것이 아니라 애덤 스미스의 《도덕감정론》에서 이야기하는 도덕적인 사회 환경에서 인간의 욕심을 극대화함으로써 모두가 노력하여 다 같이 잘살 수 있는 사회를 꿈꾸었던 것이다.

그러나 애덤 스미스의 《국부론》은 인간의 욕심만 극대화하고 도덕적 가치는 소홀히 하여 환경을 파괴하고 인간이 인간을 착취하고 부는 한곳으로 모여 돈이 돌지 않아 경제 대공황을 만들었다. 인간 모두가 노력하여 만든 사회적 부를 부르주아 집단이 대부분을 가져감으로써 경제적으로 불평등한 사회가 되었고 경제적 정의를 바로 세우지 않았기 때문에 대공황이 발생하여 경제적 위기를 맞이하게 되었다.

케인스 경제학은 제로섬 게임이다.
과학기술의 발전 과정을 정확히 직시하여 분배를 이루어야 했는데 너무 빨리 자유주의 경제학을 극복하고자 사회의 부를 급격하게 나누었기에 인간의 노력 의지를 꺾고 제로섬 게임으로 시대에 맞지 않는 복지국가를 꿈꾸었기에 이 또한 자원민족주의, 이기주의, 스태그플레이션을 도래하게 했다.

시대에 맞는 과학기술의 발전에 따라 적정한 분배를 하여야 했는데 케인스 경제학 또한 제로섬 게임으로 나누고자 했던 이상은 시대를 너무도 앞섰기에 실패를 하였다.

신자유주의 경제학 또한 제로섬 게임을 표방한다.

그러나 현대의 신자유주의 경제학은 극단의 마이너스 게임이다.

위먼 브라더스 사태와 현대 우리나라의 부동산 사태 또한 탐욕을 가진 자들이 그 부를 통하여 거품을 만들고 그 부를 다 가져갔기 때문에 경제 위기를 맞게 되었던 것이다.

경제는 우리가 나누고 환경을 생각하여 적게 생산하고 필요 이상의 부를 적절하게 나눈다면 부는 환경을 살리고 인간의 본성인 선을 표출하게 하여 상부상조하게 할 수 있을 것이다.

그러나 아직도 인간은 제로섬 아니 마이너스 게임을 하고 있지 않은가. 인류가 유구한 역사를 통하여 노력하고 발전시켜 온 현대의 과학기술은 의료계, 자본가, 정치인, 소수의 민족, 집단이 가져서는 안 된다.

산업과 기술 자연과학의 발전은 공산품이나 농산품, IT산업 등 모든 면에서 공급을 무한히 증진시켜 왔고 이렇게 많은 공급을 수요가 따를 수 없게 되었다. 세계 대공황이 공급은 넘치고 수요의 부족 때문에 일어났다는 것을 모르는 사람이 있을까. 경제에 조금이라도 관심이 있다면 이는 당연히 알고 있을 것이다.

현대의 경제 여건은 대공황의 시대보다 훨씬 더 생산품이 넘친다.

생산 시설 또한 너무 많아지고 생산은 포화되어 인류의 욕망을 충족시키고도 남을 만큼 생산되어 제대로 소비되지도 못하고 버려지고 있다. 우리 주위, 특히 쓰레기 처리장을 보면 너무나 안타깝고 나 자신 그리고 우리 모든 인류가 '스스로를 파괴하고 죽이고 있구나.' 하는 자괴감이 든다.

이렇게 공급은 많아지고 수요는 한계가 있다 보니 인류는 필요 이상의 소비를 요구하게 되고 기업은 싸고 좋은 물품을 만들고자 하는 노력도 중요하지만 판매를 위한 홍보, 선전 또한 더 중요하게 되었다. 이러한 생산, 판매를 위한 경쟁은 필요 이상의 소비를 유발하게 되고 생산품들은 제대로 사용되지 않고 버려지고 새 제품으로 소비되고 이러한 과정은 환경을 파괴하고 생산이나 판매를 하는 각 회사 직원들을 힘들게 한다. 이렇게 필요 이상의 경쟁과 소비가 발생한다.

이러한 현대의 자본주의 체제는 필요치 않은 일을 인간에게 강요하고 생산과 소비의 메커니즘은 쉼 없이 폭주 기관차처럼 달려야 유지할 수 있는 경제구조가 되었다.

　그래서 경쟁은 심화되고 인간은 더 재미있고 더 자극이고 더 새로운 아이디어를 만드느라 필요치 않은 경쟁에서 지쳐간다.
　인간이 인간을, 인간이 사회를, 인간이 환경을, 인간이 동식물을, 인간이 지구를 힘들게 하고 죽일 것이다.
　인간의 욕망을 누그러뜨리지 않으면 우리는 이 지구상에서 살 수 있을까. 인간은 이토록 서로에게 무섭고 두려운 존재가 될 수밖에 없다.

　분배는 시대에 맞는 적정한 경제학이며 인류는 이미 어마어마한 부를 가졌다. 환경을 파괴하면서 서로를 힘들게 하면서 마이너스 게임을 할 게 아니라 나눠서 상부상조해야 한다.

　기업인, 전관 법조인, 연예인, 스포츠인, 예술인, 특정 직업인 등 최상위 계층에 있는 이들은 우리 서민이 상상조차 하기 힘든 부를 가져간다. 이러한 자리에 서기까지 부단한 노력과 열정, 그리고 능력, 사회에 이바지 한 부분을 폄훼하고자 하는 뜻은 아니다.

물론 이러한 업종에 종사하는 대부분의 사람 중 힘든 일상을 살아가는 사람들도 많이 있다.

이러한 거액의 부는 어디서 온 것일까.
그들의 순수한 능력과 노력으로 가져온 것일까.
그들에겐 이러한 엄청난 금액의 소득이 합당한 것일까.
이러한 부의 집중은 공정한 것일까. 그 부가 그들에게 행복을 삶의 질을 그만큼 향상시킬까. 설사 이러한 분배가 공정하다 할지라도 이러한 부의 체계는 우리 사회, 우리 세계를 지속이 가능하지 못하도록 만들 것이고 파괴하게 될 것이다.

이러한 부는 원초적인 생산 활동에서 최상층으로 흘러 들어간 것이라 생각한다. 농업, 공업, 서비스업에 종사하는 노동자로부터, 하루 종일 연구실에서 연구하여 과학기술을 발전시킨 연구에 종사한 이들로부터일 것이다.

이제는 부의 분배를 적절히 조절할 때가 오지 않았는지 생각한다. 이러한 부를 절대적으로 공정하게 분배하는 것은 쉽지 않은 우리 인류의 숙제일 것이다.

그러나 상상 이상의 소득에 지금보다 좀 더 점진적으로 우리 사회를 유지할 수 있을 만큼의 이상으로 세금으로 환수하여 사회에 분배할 때, 우리 사회는 지속 가능한 사회로 모두가 행복한 사회가 될 것이다.

이상적인 공정한 사회는 이룰 수 없다.

이렇게 풍부한 사회에서 능력이 출중하고 생산성이 높은 이는 많이 가져가는 게 당연하다. 그러나 필요 이상의 재화를 적당히 가져가고 여분은 필요한 이에게 조금 나눌 수 있고 노력에 비해 더 가져가는 이는 능력이 있고 노력한 자에게 감사하여야 한다.

이러한 분배는 좀 더 가져가도 괜찮고 좀 덜 가져가도 행복한 세상, 서로가 이심전심의 세상, 절대적으로 공정하지 않아도 되는 세상, 분배가 행복한 공정한 세상을 가져올 것이다.

지금의 경제정책은 일을 하고 싶어도 못 하게 하고 일에서 벗어나 쉬고 싶어도 쉬지 못하게 한다. 정말 힘들고 위험한 일에는 인력을 투자하지 않고 젊은 사람들을 위험으로 내몰고 이러한 위험한 일을 하는 젊은이들은 임금이 적어 결혼도 못 하고 자녀도 못 낳을 만큼 그저 혼자 살 만큼만 임금을 준다.

그러나 쉽게 버는 이들은 우리가 수고하여 생산한 부를 너무도 쉽게 가져간다. 우리가 생산하고 만든 생산물을 알뜰히 소비하고 나누고 가치 있는 생산품이 버려지지 않게 하여야 한다.

있는 것을 잘 사용하고 소비하여야지 있는 것도 버리고 소비하면서 또 새로운 것을 찾고 또 적당히 쓰고 버리거나 아예 쳐다보지도, 사용하지도 않고 버리는 생산물이 얼마나 많이 있을까.

그 물건을 만든 이에게는 힘들고 지루한 과정이자 지구를 오염시키는 과정이었을 것이다. 그렇게 힘들게 만들어서 경쟁적으로 소비를 이끈 그 생산품이 그렇게 대충 사용하고 먹고 버려지는 것이 작금의 현실이다. 그것이 당연한 사회, 성장의 사회, 지구를 황폐하게 만드는 사회가 되어 가고 있다.

우리는 지금 어디로 가는 것일까. 자본주의 사회는 지구를 황폐화하면서 우리 모두를 죽음으로 내몰 것이다.

인간의 욕심이 극한의 인플레이션, 디플레이션, 스태그플레이션을 야기하는 것은 아닐까.
아니면 너무나 중복된 투자와 무리한 투자, 투기 등 합리적이지 못한 결정으로 인하여 세계 경제는 위기를 자초했다.

세계 대공황(자본가의 무한한 탐욕), 인간의 욕심을 누그러뜨리고 나눈다면 욕심을 덜 하게 하고 이성적 판단을 한다면 이러한 경제 위기의 현상도 발생하지 않지 않을까.

분배만이 경제 위기에서도 답이다.

우리의 부는 너무도 필요 이상으로 충분하기 때문이다.

우리의 사회는 원시사회, 고대사회, 중세사회를 거치면서 사회는 발전하고 안정되어 왔고 삶의 질 또한 많은 발전을 가져왔다. 인간은 생각하는 생물이기에 너무나 당연한 것이다.

그러나 인간의 생각은 욕심을 다른 무엇보다 중요시했고 그래서 고대, 중대의 사회는 힘이 센 능력이 있는 왕이나 귀족, 성직자가 계층사회를 만들고 지배하고 노예나 농민 등 실질적으로 부를 생산하는 이들을 지배하며 지배계층은 너무도 많은 부를 누리며 그들만의 카르텔을 만들었다.

심지어 피지배계층의 자유와 목숨도 마음대로 하는 사회, 지금의 상식으로는 너무나 불합리하고 너무도 극악무도한 사회였다.

물론 이러한 전제군주, 귀족, 호족 등 인류의 보편적 가치인 백성, 즉 시민의 삶을 더 생각하고 이러한 부조리에 맞서 싸우고 목숨까지 내놓을 각오로 이 시대의 가치에 맞서 싸운 이도 너무도 많다. 우리나라에서는 세종대왕, 공민왕, 퇴계 이황, 율곡 이이, 정도전, 정약용과 같은 훌륭한 인물들이 있다.

　이러한 이들은 지금의 사회에서 본받을 사람으로 동서양을 불문하고 추앙받는 것이다. 이들은 그 시대의 보수적 가치에 맞서 진보적 가치를 편 선구자이다.

　근대에도 노예제도를 유지하고 힘이 약한 나라를 침략하여 발전된 무기로 짓밟고 빼앗고 심지어 대량 학살까지 일삼았다. 인간의 악한 마음은 군국주의, 제국주의, 자본주의 사회에서는 고대, 중세보다 더하였지 덜하진 않다고 생각한다.

　현대에 들어오면서 인간은 전쟁을 막고, 계급사회를 없애고 약소국이나 약자를 함부로 침략하고 복종시키고 부려 먹고 죽이고 하는 사회에서 벗어났다. 더 진보적이고 인류 보편적인 사회로 인류는 발전하였다.

　그것이 인류 모두를 위한 사회라는 것을 깨달았고 인간의 악보다는 선을 더 표출하는 사회로 한층 더 진보된 사회를 이루었다.

그러나 현대는 이러한 계급사회, 군국주의 사회, 제국주의 사회를 넘어섰지만 자본주의 사회의 병폐를 넘어서지 못하고 있다.

지난 세월 자본주의 사회가 이룩한 사회의 발전과 부의 발전을 바라보며 자본주의가 해야 할 일은 여기까지이고 이제는 자본주의의 장점만을 바라볼 것이 아니라 자본주의 사회의 병폐를 제대로 직시하고 바라보아야 한다.

현대의 가장 중요한 가치는 이러한 자본주의 사회를 극복하여야 한다.

특히 우리나라의 사회를 들여다보면 빈부의 격차로 인한 자살이 사회문제가 되고 결혼도 안 하고 아이도 낳을 수 없는 사회, 즉 지속하지 못하는 사회를 만들었다. 너무도 발전된 사회에서 이러한 현상은 아이러니하다.

그리고 전 세계적으로도 국가 간의 너무도 치열한 경쟁, 아니 전쟁을 불사하는 인류를 파멸로 이끌지도 모를 무기를 만들고 서로 부를 탐하고 서로를 파괴하려는 시도는 세계 곳곳에서 볼 수 있다.

이러한 과정에서 성장이 부를 만들고 부수고 환경을 파괴하고 최첨단 무기로 인류를 파괴하고자 하고 있다.

이제는 자유보다는 평등, 개인보다는 우리, 이기적이기보다는 조금은 이타적인 가치, 현대사회의 가장 필요한 가치는 분배이며 서로가 나누고 공존하는 진보적 가치가 자본주의 가치보다 우선시되어야 부자든 선진국이든 약자든 후진국이든 공존할 수 있다.

우리의 부는 100년 전, 50년 전, 10년 전과 비교한다면, 아니 어제, 오늘, 내일의 부는 너무도 많이 창출하고 있는데 인간의 끝없는 욕심의 극대화는 부를 쌓아 놓고도 사용하지 않는 부가 더 필요하다는 착각 속에서 살고 있다.

분배라는 진보적 가치가 성장이라는 보수적 가치보다 앞서야 한다. 지속 가능한 사회로 가기 위해서는 모두가 공존하는 사회로 가기 위해서는 진보적 가치가 좀 더 우선시되어야 한다.

1차 세계대전도 부, 생산물이 넘쳐 나서 시작되었다.
경제 대공황 또한 부가 부족해서가 아니라 부가 넘쳐 나는데 나누지 못해서 발생했다.
부는 넘쳐 나는데 우리는 왜 부가 부족하다고 싸우고 뺏고 부를 위해서 다른 이를 힘들게 하고 다른 이에게 상처를 주고 심지어 목숨까지도 뺏고 있다.

부가 부족하다고 느끼는 것은 자본주의 때문이다. 부는 한쪽에서 다 가져가기 때문에 가진 자는 더 가지려 하고 적정하게 가진 자도 내 부가 다른 이에게 뺏기지 않을까 혹은 나의 실수로 나의 부가 모두 날아가지 않을까 생각한다.

그 부를 갖지 못한 자는 당연히 부가 부족하다고 느끼는 것이다.

부가 부족한 것이 아니라 부를 나누지 못했기에 복지는 부족하고 그래서 우리 모두의 마음속에 여유를 가지지 못하기 때문에 부가 부족하다는 착각 속에서 살아가는 것은 아닐까?

부를 나눈다면 부는 충분하다. 우리는 실제 생활 속에서 마음속의 부는 넘친다는 것을 깨달을 것이다.

자본주의로 산업화로 이룩한 발전된 사회, 상상 이상의 부.

부를 좀 더 나눈다면 사람은 돈에서 해방되어 스트레스도 덜 받고 정신적, 육체적 노동으로부터 자유로워져 질병이 줄어들 것이고 서로가 서로를 해치는 일도 적게 되어 검사, 변호사, 판사, 경찰과 같은 법과 관련된 일자리도 줄어들게 될 것이다.

덜 생산하고 덜 소비하고 더 소비하도록 판촉하지 않아도 되기에 이러한 일자리 또한 줄게 될 것이다.

로봇이나 AI에게 맡기면 일자리는 줄어들 것이다.

서로 나누고 일을 덜 하게 될 것이다.

생산을 필요한 만큼만 하게 되어 깨끗한 환경을 만들 것이다.

그러나 현대 자본주의 사회는 굳이 인간이 더 일을 하고 더 만들고 더 판매하려고 더 버리는 악순환을 만들고 있다. 환경을 파괴하면서 인간과 지구를 스스로 파괴하고 있다.

세계 모든 국가와 국민이 잘살아야 한다.

후진국, 선진국, G1, G2 국민들 대부분이 힘들다고 한다.

세계의 상위계층, 부를 소유한 이들만의 세상이 되었다.

선진국은 G1, G2 세계 10위권 경제대국들도 자본주의를 넘어 서로 나누고 서로 돕고 선진국은 빈부 격차로 힘들어하는데 증세를 통한 쓰지 않는 돈, 부를 개발도상국에게 주어야 한다. 이 나라가 발전할 수 있도록 환경분담금을 지불해야 한다.

그래야 하나뿐인 지구를 살려야 부자도 빈자도 선진국도

개발도상국도 숨을 쉴 수 있는 환경이 된다.

개발도상국과 보조를 맞추어야 한다.

세계는 국가 간의 무한 경쟁을 하기보다는 자국 국민들의 부를 나눈다면 이러한 경쟁은 완화될 것이고 선진국도 개발도상국도 후진국도 모두가 행복할 것이다.

국가의 경쟁 또한 현대는 제로섬 게임 아니 마이너스 게임으로 서로 간에 뺏고 뺏는 사회가 되었다. 이 과정에서 환경은 도외시되고 사람의 삶을 힘들게 한다.

자국의 부를 나눈다면 세계는 평화로운 아름다운 지구를 만들 것이다.

5장

《정의란 무엇인가》라는 책을 읽고

이 책은 구제금융, 모병제, 대리 출산과 같은 현실 문제를 비롯해 경로를 이탈한 전차, 고통의 대가를 계량하는 시험과 같은 사고 실험을 주제로 삼아, 위대한 사상가들은 '정의'에 대해 어떻게 생각했는지 비판적으로 살펴본다. 가령, 저자는 벤담과 밀의 공리주의는 다수에게 도움이 되는 결정을 지지하지만, 인간의 존엄성 문제에는 도덕적 한계를 지니고 있다고 말한다.

– 출처: 「네이버 도서_책 소개」

공리주의란? 최대 다수의 최대 행복을 추구함으로써 이기적 쾌락과 사회 전체의 행복을 조화시키려는 사상. 영국의 벤담(Bentham, J.)과 밀(Mill, J. S.)에 의하여 대표된다.

– 출처: 「네이버 도서_책 소개」

이 책에 첫 번째 나오는 철학 사상은 제레미 벤담, 스튜어트 밀의 공리주의 사상이다.

공리주의 철학 사상은 현대의 사회에 꼭 반영되어야 할 철학 사상이다.

이 책에서는 철로에서의 사고 그리고 조난당한 선박에서의 극단적인 예를 들며 전체주의 사상이 되어 버리고 소수자를 희생시켜 전체의 쾌락을 극대화한다는 비판을 받고 있지만 현대 자본주의 경제에서는 무엇보다 필요한 사상이다.

왜냐하면 현대의 가장 큰 문제가 빈부의 격차이고 빈부의 격차로 인한 사회의 여러 문제는 환경을 파괴하고 사회를 지속 가능하지 못하게 한다.

우리 모두의 삶을 황폐하게 한다.

이러한 문제를 해결하기 위해서는 성장을 통한 간접적인 분배가 아니라 상위 소수의 부를 분배함으로써 도덕적으로나 철학적으로나 경제적으로 모두가 행복한 쾌락을 극대화하는 것이다.

적정한 부를 상위 소수자에게 부과한다고 해서 위에서의 예처럼 그들의 목숨과 삶을 빼앗는 것이 아니다.

그들에게 부는 상상 이상의 부이고 그 부는 그들이 세상을 등질 때까지 사용이 가능할까. 아니면 그 부를 다음 세상에 가져가야 하는데 안타까운 일이다. 그들에게 그 부는 단지 숫자에 불과한 것은 아닐까.

부를 나누는 것은 그들의 기분을 조금 상하게 하는 것이 아닐까 생각된다. 그러나 그들의 부는 노동 없이 더 부를 쌓게 하는 빈자의 노력의 대가를 가져오는 것이다.

옷장에 입지 않고 넣어 둔 옷과 같고 저 금고 속에 넣어 놓고 느끼는 행복감보다는 그 부를 나눔으로써 나눔에 대한 기쁨과 환경 살리기에 더 많은 행복을 느낄 것이다.

이 부를 나눈다면 아니 스스로 기부한다면 그 부의 숫자보다 더한 행복과 기쁨을 가질 수 있지 않을까 하는 인간 내면의 선함을 표현할 것이다.

칸트의 철학 사상은 자유주의(개인주의) 철학 사상이지만 당연히 돈이 필요하고 도움이 필요한 이를 도와주는 것이다. 생각할 것도 없고 정언명령에 의한 당연한 도리이다. 인간의 본연의 선함을 우리는 실천하는 것이다.

신약성경에 있는 착한 사마리아인의 법과 일맥상통한 사상이다.

• 착한 사마리아인의 법

"자신이나 제삼자가 위험해지지 않는데도, 위험에 빠진 사람을 구조하지 않은 사람을 처벌하는 법. 신약성경 중 누가복음 10장에 등장하는 착한 사마리아인의 이야기에서 유래했다. 프랑스와 독일, 핀란드 등 여러 나라가 '구조거부죄'라는 이름으로 착한 사마리아인의 법을 시행하고 있으며, 개인의 자유와 도덕적 의무를 법으로 강제한다는 점에서 논란의 대상이 되기도 한다." — 출처: 다음 백과사전

칸트의 《실천 이성 비판》에서는 어떠한 경우에도 거짓말을 하면 안 된다고 한다. 선의의 거짓말도 하면 안 되며 도둑이나 살인을 하려는 자에게도 거짓말을 하면 안 된다고 한다. 이런 부분은 현실 속에서 살아가는 나로서는 이해가 되지 않으며 철학 사상에서나 가능하다고 생각한다.

절대적 실천 철학이다. 너무도 이상적인 철학이지만 자본주의 사회에서 빈부의 격차를 줄이고 부를 나누는 것, 그것은 부자들이 도덕적으로 칭찬을 받기 위해서 실천하는 것이 아니라 인간의 도리로 당연히 나누는 것이라 칸트는 말하고 있다.

칸트의 철학은 현대 자본주의 사회에서 반드시 지켜져야 할 절대적 가치이다.

존 롤스는 정의란 '정당화될 수 없는 자의적인 불평등이 없는 상태'라고 생각했다.

이는 어떤 사회에서도 모든 개인이 똑같이 대우받을 수 없고, 상이한 사회적 역할에 따라 그에 상응하는 기회를 갖고, 서로 다르게 분배받는 것을 인정한다. 따라서 문제는 '어떤 차등이 도덕적으로 정당화될 수 있는가'이며 존 롤스는 절차에 아무런 하자가 없다면 불평등이나 차등도 정당화될 수 있다고 한다.

– 출처: [네이버 지식백과]
존 롤스의 정의론(시사상식사전, pmg 지식엔진연구소)

존 롤스는 시작점이 같고 조건이 같다면 인간 노력의 정도에 따라 부를 차등 있게 가져야 하고 우리 사회는 그 차등은 당연히 인정하는 것이 사회정의라고 생각했다.

　당연히 노력하고 수고하는 이가 그 대가에 비례해서 가져가는 것이 구성원 모두가 노력할 수 있는 동기를 부여하여 사회는 더 많이 발전하고 모든 이에게 부와 행복을 가져오는 것이다.

　그러나 현 사회를 바라본다면 인간은 똑같은 상황과 같은 조건에서 노력에 따른 분배가 요원하다. 부의 대물림은 공고히 되고 부뿐만 아니라 유전적인 조건으로 볼 때도 지능이나 육체적 능력 등 더 많은 것을 대물림하고 있다.

　이런 이들은 자기들만의 카르텔을 만들고 인간은 태어나는 순간 평생의 삶이 결정되지 않나 생각된다. 물론 노력이 중요하지 않은 것은 아니지만 상류계층과 겨루기엔 너무도 힘들고 인간의 한계를 느낄 수밖에 없다.

　"개천에서 용 난다."라는 말은 현대의 우리 사회에서는 불가능한 것이다.

　그러므로 존 롤스가 말하는 시작점에서 부와 능력을 같게 하고 똑같이 경쟁한다는 것은 이론상이나 생각에서 가능한 것이다.

　부를 조금씩 분배한다면 시작점을 조금은 같게 할 수 있고 능력도 균형을 이룰 수 있기에 존 롤스가 말하는 정의는 적정한 분배가 아닌가 생각된다.

존 롤스의 정의론의 또 하나의 이론은 무지의 베일에서 부에 대한 인간의 선택이다. 내가 어떤 부의 환경에 처해 있고 어떤 사회적 계층에 있는지 모르는 무지의 베일 속에서 인간이 부를 나누는 것을 선택할 것인가 아니면 내가 가진 것을 나누지 않고 전적으로 자기만 누릴 것인가 하는 선택지를 인간에게 묻는다.

현대의 경제적 상황과 불평등, 빈부의 격차 등을 생각한다면 인간이라면 당연히 내가 어떤 환경에 처해 있는지 무지하기 때문에 적절히 사회를 안정시키고 환경을 지키고 발전된 우리 사회의 부는 부족하지 않기에 분배를 적정하게 하는 것이 우리 모두의 이익이라 생각할 것이다.

내가 확률적으로 사회에서의 경제적 위치는 하위계층에 있을 가능성이 매우 높기 때문이다. 현대의 발전된 부가 풍족한 사회에서는 당연히 대부분의 인류는 부의 분배를 선택할 것이다.

현대의 부의 분포를 보면 상위 2%가 하위 40%가 가진 부와 같다고들 방송, 신문 등에서 말하고 우리는 그렇게 받아들이고 있다.

내가 상위 2%에 포함되어 있다는 사실을 인지하고 있더라도 생각하는 만물의 영장인 인간은 부의 나눔을 선택하는 것이 종교적으로나 도덕적으로, 인간적으로 당연한 선택이 아닌가 생각된다.

시작점에서 부와 지적, 육체적 능력을 가진 이는 이를 통하여 그만큼 더 많은 것을 가져갈 수 있는 확률이 높기 때문에 부족한 이에게 나누어 주는 것이 많이 가지는 것보다 더 행복하지 않을까.

이러한 분배야말로 지속 가능한 사회를 만들고 모든 이에게 행복을 줄 것이다.

여기 고가의 바이올린이 있다.

이 바이올린을 잘 연주하는 연주자에게 주어야 그 바이올린이 잘 연주되어 우리 모두를 행복하게 할 것이고 모두의 쾌락을 증대할 것이다. 돈이 많은 사람이 그 고가의 바이올린을 가져간다면 그 부자뿐만 아니라 모두에게 아름다운 음악을 즐길 행복을 박탈하는 것이다.

빈자나 부자나 모두에게 불행을 가져오는 것이다.

종교는 당연한 것이다. 기독교의 사랑을 실천한다면 당연히 베푸는 것이다. 부자가 천국에 가는 것은 낙타가 바늘귀에 들어가는 것보다 힘들다 하지 않았는가. 부자가 그 부를 나눈다면 그 누구보다 더 먼저 천국에 들어갈 것이다.

그 나눔의 행복감은 더 충만할 것이다.

유교, 불교, 이슬람교, 힌두교의 교리도 인간의 욕망보다는 인류애, 즉 사랑을 실천하고 인간의 도리를 다할 때 내세에 더 행복해질 수 있다는 가르침을 주기에 인류가 염원하고 바라는 종교가 되었을 것이다.

인류의 욕망을 무한히 충족시키고 이기주의적인 삶을 표방하는 이념이라면 인류의 종교가 될 수 없다.

그리고 《정의란 무엇인가》의 작가가 정의에 대한 단적인 답은 내리지 않았지만 위의 철학적 사상과 현대의 불평등, 환경 파괴적인 경제정책을 바라보며 인류의 공동선을 말하였는데 그 답은 분배가 아닐까 생각한다.

절대적 가치의 정의는 이상적이고 실현할 수 없지만 현실적이고 근접할 수 있는 정의는 성장보다는 분배가 아닌가 확신을 얻는다.

조금 더 분배한다면 조금 더 평등하고 정의로운 사회로 다가갈 것이다.

"정의란 무엇인가."

18~19세기에는 우리가 노력한 만큼 가져가야 하는 것이 정의라고 생각했다. 20~21세기에는 부는 너무도 넘치기에 필요한 만큼 조금 더 가져가고 그 나머지는 서로 나누는 것

이고 절대적인 정의란 없기에 조금 더 가져간들 어떻고 덜 가져간들 어떻고 서로가 만족하는 사회, 그것이 이 시대의 정의가 아닌가 생각한다.

6장

환경과 사회를 위하여

철학은 '그 시대가 낳은 아들'이라 생각한다. 고대시대는 생명의 근원과 원리 등, 중세시대는 종교철학인 교부철학 등 그 시대의 문제를 해결하고 그 시대의 주류의 생각을 이루려고 하기에 '시대가 낳은 아들'이라 생각한다.

근대시대와 현대철학의 주류를 보면 공리주의, 칸트 철학, 존 롤스의 '정의론', 마이클 샌델 교수의 《정의란 무엇인가》 등 철학자들은 정의를 논하고 있다. 이 시대가 정의롭지 않기 때문이 아닌가 생각된다.

이 철학자들은 좀 더 정의로운 사회를 꿈꾸며 이러한 철학 사상을 논하였다. 그러므로 인간의 무한한 욕망보다는 인간의 본성인 '선'의지(Goodness)를 더하는 이상적인 세상을 꿈꾸고 있다.

"인간의 욕망은 무한하다."란 공리(公理, 일반적으로 널리 통용되는 진리나 도리)는 경제학에서만 진리라고 적고 있다고 생각한다.

이 시대를 살아가는 인류는 자본주의의 진리를 이 시대의 주류 사상이라 생각하며 우리 사회에서는 인간의 욕망이 무한하기 때문에 정의로운 사회로 나가는 사회, 인간의 선함을 표현하도록 하는 것은 불가능하다고 말한다.

그러나 철학, 도덕, 종교, 법, 문학 그리고 대부분의 대중음악 가사 등을 보면 어디에서도 인간의 욕망이 무한하고 욕심이 많다고 이야기하지 않는다. 인간의 선함을 이야기하고 사랑을 이야기하고 있다.

부는 "한낱 꿈이다."라고 말한다.

성공한 국가, 정부의 시작은 분배이다.

미국, 영국, 프랑스, 독일, 일본, 중국, 러시아 등 경제적으로 선진국이고 군사적으로 강대국이지만 대부분의 국민은 경제적으로 만족하지 못하고 행복하지 않은 삶을 살고 있고 사회적인 여러 문제를 안고 있다.

부의 분배가 되지 않기에 이러한 현상이 일어나는 것이다. 전체적으로 국가의 부는 넘쳐 나고 선진국이지만 국부는 한 곳으로 집중되고 대부분의 국민과 정부는 국부의 혜택을 보지 못하기에 국가에 대한 반감은 커지고 정권은 바뀌지만 정부는 부족한 재정으로 국가의 근본적인 문제를 제대로 해결하지 못하고 있다.

국가는 증세를 하여 사회의 안전과 환경을 지켜야 한다.

대부분의 정부는 감세를 통한 성장을 이루고자 하였지만 이 정책은 당연히 필패로 끝날 것이다. 왜냐하면 대부분의 국민은 삶이 더 팍팍해질 것이고 가진 자들에게 감세를 하기에 빈부 격차는 더 심화되어 후손들이 직장도 못 구하고 결혼도 못 하고 아이도 못 낳게 하여 성장을 하고자 하지만 역으로 성장도 안 되고 모두가 힘든 사회를 만들 것이다.

좀 더 분배를 한다면 사회를 안정화시키고 사회 구성원들의 삶과 심리를 안정화시켜 더 성장을 이룰 것이다. 적절한 성장과 그 속에서의 분배, 그리고 그 안에서 성장을 이룰 것이다. 무분별한 성장은 환경을 파괴하여 숨조차 쉴 수 없는 사회를 만들어 부자나 서민이나 모두가 살기 힘든 환경으로 만들 것이다.

국민들에게 이해를 시키면서 적극적 증세를 하여 분배를 하였다면 성장과 분배, 환경 모두를 살릴 수 있을 것이다. 그러나 자본주의 사회의 한계를 극복하지 못했다.

국민들에게 분배는 환경과 인류를 살리는 길이라고 적극적으로 홍보하고 점진적이고 직접적으로 증세하여야 했으나 자본주의의 이데올로기를 극복하지 못했다.
환경을 파괴하지 않는 성장은 분배를 통해서 더 가능할 것이다.

최근에 발생한 코로나19는 높은 전염성과 치사율로 인하여 전 세계적으로 많은 사람의 목숨을 앗아 갔으며 이로 인하여 인간의 경제활동과 사회활동 등 모든 면에서 제약을 가져왔다.

경제, 소비 활동을 저해하여 돈이 돌지 않는 사회를 만들었고 소비를 위축하게 하여 성장, 즉 직접적 분배를 하지 못해 특히 자영업자나 하루하루 벌어 생활을 영위하는 노동자, 프리랜서, 공연예술계 종사자 등에게 많은 어려움을 안겼다.

그러므로 국가는 인간의 사회활동을 자발적으로 통제함은 물론 강제적으로 제재하여 코로나19의 확산을 막았다. 이 과정에서 자영업자 등은 많은 피해를 보게 되었고 국가는 제재를 강화해야 하는데 피해 보상이 미미하다 보니 한계가 있을 수밖에 없고 팬데믹을 벗어나는 데 많은 어려움이 있었다.

국가가 재정이 탄탄하여 피해 보상이 적절하게 이루어졌다면 적극적으로 방역 및 격리 등을 수행하여 코로나19 상황을 보다 수월하게 이겨 냈을 것이고 많은 사람의 목숨과 삶을 구할 수 있었을 것이다.

이러한 국가 위기 상황에서 국가의 재정은 국민의 생명과 재산을 보호하는 데 가장 중요하고 적극 행정을 펼 수 있는 가장 중요한 수단이다.

그러나 아이러니하게도 코로나19는 소비를 위축시켜 저성장 사회를 만듦으로써 지구의 환경, 특히 대기 환경을 깨끗하게 하여 숨을 쉴 수 있는 환경을 우리에게 만들어 주었다.
코로나19가 주는 교훈은 저성장이 우리에게 경제적 이익은 덜 주는 반면 깨끗한 환경을 준다는 것이다.

그러므로 성장을 덜 하면서 자영업자 등 코로나19로 어려움을 겪는 이들에게 피해를 더는 방법은 국가가 이들에게 피해 보상을 적절하게 하는 것이다. 그러기 위해서는 세금을 지금보다는 더 거둬들여야 한다.

저성장 시대와 환경 파괴로 인한 인류의 파괴를 막기 위해서는 성장(간접적 분배)보다는 직접적 분배를 하여야 한다.
국가가 나서서 이끌어 가고 국민을 설득해야 한다.
세계 모든 국가가 다 함께 참여하여야 환경과 인류를 살릴 수 있다.

최근 뉴스에서 수능과 관련된 킬러 문항에 대한 말이 나왔다. 나도 지금 한 아이가 용인에 있는 기숙학원에서 공부하고 있는데, 일 년 치 연봉을 다 내놓고 있다. 아까운 금액이지만 한편으로는 아이가 공부를 한다니 허리띠 졸라매고 아이의 미래를 위해 투자를 하고 있다.

내가 하고 싶은 말은 사교육의 일타강사들의 연봉이 많다고 언론계나 학부모, 정치계 등 여러 분야에서 말하는데 당사자들이 열심히 노력해서 거기까지 올라온 것이기에 그 사람들을 폄훼하고 싶은 마음은 없다.

단지 세금도 법치주의로 증세를 해야지, 고소득자, 부동산 부자, 재벌 회장, 법인세 등 세금을 다 감세해 놓고선 일타강사들만 소득이 많다고 학부모들의 소득을 가져간다고 메시지 정치, 선동 정치를 하면 안 된다.

진정 위에서 언급한 일타강사를 포함한 고소득자들의 연봉이 상상 이상으로 많다면 소득세를 개편하여 점진적으로 증세를 하고 이러한 세금을 사회 여러 분야를 위해 사용한다면 사회는 고소득자들에 대한 위화감은 줄어들 것이고 사회는 조금은 더 정의로운 사회, 화합하는 사회가 될 수 있지 않을까 생각한다.

7장

판사, 검사, 변호사, 의사 등이
최소한으로 필요한 사회

우리가 나눈다면 이런 사회가 올 것이다. 우리 사회는 서로 나누고 위로한다면 범죄도 최소화할 수 있고, 다 같이 잘 사는, 범죄가 없는 이상적인 세상을 우리 모두가 꿈꾼다면, 실현할 수 있다면 판사, 검사, 변호사 또한 최소한으로 필요한 사회가 오지 않을까.

사회는 필요한 인력을 요구하는데 자기들만의 밥그릇을 챙기는 세상, 자본주의는 가진 자들도 더 가지려고 혈안이 되어 있고 이들에게도 미래가 불안하게 하는 건지 일반적인 상식으로 이해가 되지 않는 세상을 우리는 살고 있다.

이 또한 서로 나누고 위한다면 스트레스 없는 사회가 될 수 있지 않을까. 스트레스는 모든 질병의 원인이라고 하니 스트레스가 없다면 대부분의 질병이 어느 정도 예방이 될 것이다.

인간이 건강한 사회를 이루고 싶다면 조금씩 나누어서 욕심이 덜한 사회를 만들 수 있어야 하고 가진 자들도 그 한없는 욕심을 조금은 누그러뜨릴 줄 알아야 할 것이다.
인간은 쉬엄쉬엄 놀며, 이웃과 이웃 나라의 인류를 생각하며 적당히 욕심을 부려야 한다.
현대사회에서 건강의 가장 큰 문제는 고혈압, 당뇨, 심혈

관 질환, 암 등 너무나 많이 음식을 섭취하여 영양 과잉으로 인하여 발생하고 있다.

다들 적게 먹고 소비해야 한다는 생각을 가지고 있고 실천하고자 하지만 너무나 풍족한 세상으로 스스로 자제하기는 힘들다.

적게 먹고 적게 소비하면 이러한 성인병을 적게 하여 의사들도 적게 필요로 하는 세상이 올 것이다. 너무나 풍족한 세상에서 인간 스스로 힘들게 하고 있다.

현대 인류의 과학기술 발전은 인류가 다 같이 역사 속에서 발전시켜 온 것이다. 지금의 발달된 기술은 우리 인류가 역사 속에서 함께 노력해 온 것이지, 내가 공부를 열심히 하고 노력하고 똑똑하여 나 혼자 이룩한 것이 아니다.

인류가 다 같이 발전시켜 놓은 토대 속에서 현대의 인간은 자아를 실현하고 부를 가져온 것이지, 무에서 혼자 이룩한 것이 아니다.

물론 그 노력은 인정하여야 하지만 너무도 많은 부를 가지려고 노력하여서는 안 된다. 나의 부를 나눈다는 행복에 감사하고 더 행복감을 느껴야 한다.

더 많이 가지고 '나는 이런 사람이다.'라는 우월감의 행복보다는 현대를 살아가는 우리는 이 점을 인식하고 지구가 다 함께 살길을 찾아야 한다. 환경을 지키며 서로 공존하는 사회를 지향해야 한다. 우리 모두가 나 하나의 욕망을 찾는다면 공멸의 길로 갈 것이다. 공멸이 아닌 공존의 길로 가야 할 것이다.

8장

대박을 바라지 않아도
행복한 세상을 꿈꾸며

작금의 우리 사회는 사람이 아니라 돈이 더 소중하다.

우리 사회는 돈을 좇고 있기에 사람의 소중함을 잊고 사는 건 아닌가 싶다.

위층의 아이들의 뛰노는 소리가 시끄럽고 짜증 났는데 아이들의 노는 모습을 보기 힘든 사회가 되다 보니 윗집의 쿵쾅쿵쾅 뛰노는 소리가 너무도 반갑고 소중한 것이라 새삼 느끼게 된다.

우리나라는 출산 정책에 많은 예산을 투자하고 있지만 출산율은 감소하고 있다. 많은 예산을 사용하지만 우리 사회에서 아이 하나를 키우기 위해서는 이보다 훨씬 많은 돈이 들어간다.

개인이 부담하기에는 너무나 힘들고 고통스럽기에 젊은이들은 결혼을 하지 않고 설사 결혼을 해도 이러한 출산, 육아를 회피한다.

점진적 증세를 통하여 정부의 예산이 마이너스가 아니라 플러스가 되어야 한다. 복지를 강화하고 사회를 안정화시킬 수 있어야 이러한 문제점을 해결할 수 있다고 생각한다.

우리 사회는 모두가 젊은이, 늙은이, 어린이 할 것 없이 대박을 꿈꾸는 사회가 되었다. 대박은 혼자서 되는 것이 아니라 제로섬 게임으로 다른 이의 부를 가져오는 것이다.

대박을 터트리려면 투기를 해야 하고 도박을 해야 하기에 생산적이지 않은 일에 우리는 너무나 스트레스를 받고 열정을 바친다.

이러한 투자 중 주식 투자, 코인, 복권 등 이성을 가지고 적절히 투자한다면 사회나 기업에 기여하는 일이자 삶의 활력소가 될 수 있다. 그러나 대부분의 사람들, 특히 젊은이들은 투기에 가까울 정도로 이성을 잃고 투자하다 보니 대부분 잃는 경우가 많다. 이렇게 개미 투자자들이 잃은 돈은 자본가의 부를 더하게 되는 것이다.

돈을 은행에 넣어 두기엔 이자가 너무 낮고 조금이나마 더 벌어 미래를 위해 준비를 한다는 것이 많은 돈을 잃는 늪으로 빠져들게 하는 원인이다.

젊은이들이 열심히 일하여도 희망이 없는 사회이기에 당연한 선택이 아닌가, 공감하기도 한다.

부동산 투기는 절대 근절해야 할 현대사회의 가장 큰 죄악 중 하나라 생각된다.

부가 부를 모으는 사회이기에 부자들은 쉽게 부동산 투기로 돈을 벌지만 이러한 투기는 부동산 가격을 부추겨 일반 서민들을 힘들게 하고 결혼도 못 하게 하고 출산도 못 하게 하는 우리 사회를 소멸의 길로 이끄는 죄악이다.

건설 경기 부양을 위하여 부동산 정책을 펴서는 안 된다. 부동산 가격 안정에 모든 법과 규제를 강화하여야 한다. 건설 경기 하락으로 피해를 보는 이들에겐 국가에서 적절히 지원해야 한다.

로마시대의 건축물, 이집트 시대의 건축물 등 고대의 건축은 2,000년의 역사를 훌쩍 넘어 여전히 건재하다.

현대의 건축술과 건축 재료를 생각한다면 지금 만들어진 건축과 토목 등은 2~3백 년은 가야 하지 않을까.

끊임없이 만들고 소비하는 사회, 끝없는 성장 정책은 이 사회를 극단의 위기로 몰아갈 것이다. 국가가 세금을 거둬들여 성장보다는 분배를 위한 정책에 투자하여야 한다.

우리 사회를 지속 가능한 사회, 모두가 행복한 사회, 돈이 아닌 사람이 소중한 사회로 만들어 갔으면 한다.

대박을 꿈꾸지 않아도 살기 좋은 세상, 경제 규모를 적게 하여도 다 같이 잘사는 세상, 깨끗한 환경에서 우리의 삶을 영위하는 세상, 적게 일하는 세상, 공존하는 사회, 그것은 분배이다.

"분배만이 답이다."

9장

북한 주민과 남한 주민의

경제적 삶을 바꾸어 살아 본다면

현대 우리 사회를 바라본다면 특히 우리나라를 포함한 선진국을 바라본다면 너무도 부유하고 생산성이 넘치는 세상에서 살고 있다.

우리나라를 보면 쌀 생산량이 많아 소비를 하지 못하고 농민들은 국가에서 수매해 주기를 바라고 정치권은 갑론을박하고 있는 실정이다.

60~70년대 그 이전을 생각한다면 속된 말로 "배부른 소리 하고 있다."라는 표현이 정확할 것이다.

이 쌀은 농민들의 수고와 기계화로 인한 연료 소비, 농약으로 인한 환경오염 등 환경을 파괴하며 생산한 것이라 생각된다.

선진국 국민들의 넘치는 식료품을 생각한다면, 절제되지 못하는 식탐은 당뇨, 고혈압, 비만 등의 원인이 되고 개개인의 삶을 병으로 힘들게 하고 생명을 단축하게 한다. 물론 사회적 비용은 증가시키며 의사와 간호사 등 의료인의 수고를 더하게 한다.

또한 이러한 육류, 채소(겨울철) 등 식재료를 만드는 과정에서 메탄가스를 배출하고 겨울철 채소 생산은 화석 연료를 때야 하기에 환경은 오염된다. 인간을 더 일을 하게 만들고 환경은 파괴되고 너무도 넘치는 영양소는 성인병을 유발한다.

절제되지 않은 인간의 부의 생산은 인류를 파멸로 이끌고 있다.

  우리의 동포이지만 부가 부족하고 식재료가 부족한 북한 주민들을 바라보면 그들의 삶은 부의 생산이 너무도 부족하기에 환경을 파괴하지는 않지 않은지 생각한다.

  그러나 그들의 포악한 지도자인 김정은은 북한 주민들의 삶을 황폐화시키고 원자폭탄, 무기들을 만들고 사치한 삶으로 환경을 파괴하고 있다.

  북한 주민들은 모든 생산성의 부족으로, 영양실조로 너무 힘든 삶을 영위하고 있다.

  북한 동포는 부족한 식품, 공산품 등으로 너무도 힘든 삶을 살고 있고 대한민국(남한) 국민은 북한 주민들과 비교한다면 너무도 넘치는 재화와 쓰레기, 버리는 식품을 무한히 만들어 내고 절제되지 못한 식품으로 건강을 해치고 있다.

  너무도 아이러니한 세상을 우리는 살고 있다.

  상상 속에서 가능하지만 북한 동포와 대한민국 국민의 경제적 삶을 한 일 년간 바꾸어 살아 본다면 어떤 일이 일어날까.

  북한 동포는 영양실조는 당연히 없어지고 건강을 챙길 것이고 대한민국 국민은 비만 등 성인병을 해결하여 더 건강하고 행복한 삶을 영위할 것이다.

  대한민국의 재화는 북한 주민들의 삶을 질을 풍부하게 할 것이다.

우리 모두의 삶을 행복하게 할 것이다.

인간의 욕망을 적게 하여야만 더 건강하고 더 좋은 환경에서 우리는 지속 가능한 사회, 미래가 있는 희망적인 세상을 꿈꿀 것이다.

그것의 답은 분배이다.

10장

미국의 끊임없는 총기 사고를 접하며

미국의 총기 사고는 잊을 만하면 일어나고 있다.

세계 최대의 선진국이며 세계의 경찰국가라고 자부하지만 총기 사고라는 끔찍한 사고는 지속적으로 발생하고 막지 못하는 것이 미국 사회의 현실이다.

미국의 개척시대, 독립전쟁으로부터 미국 역사 속에서 이어져 온 인습과 전통이다. 개척시대부터 서로를 공격하기도 하고 나를 방어하는 무기로서 꼭 필요한 용품이었다. 그러나 지금은 레저 스포츠 용품으로 또한 여전히 총기 사용이 허용되는 사회에서 나의 방어 용품으로 허용되고 있다.

긍정적인 측면이 많지만 총기 사고가 일어나면 미국 국민, 아니 전 세계적으로 사람들을 엄청난 충격과 절망에 빠뜨린다.

과연 총기 사고의 해법은 없을까 고민해 본다.

그러나 완벽한 답은 없지만 적절히 총기를 규제하는 법률은 필요하며 해법은 있지 않은지 생각한다.

레저 스포츠용으로의 사용은 총기 사용이 가능한 스포츠센터를 만들어 엄격히 통제하며 총기 소지의 허용은 우리나라처럼 엄격히 제재하여야 한다.

그리고 총기 사고 시 사고 용의자는 대부분 사회에 대한 불만이 있거나 정신적으로 미약한 이가 아닌가 생각된다.

즉, 이런 이들의 사회적 불만은 빈부의 격차가 주요 요인이며 사회적 불평등이 가장 크다고 생각된다.

국가가 조금 더 평등하고 안정적인 사회로 이끌고 경제적 부를 다 같이 공유한다면 총기 사고는 완벽하지는 않지만 줄 어들 것이다.

그 답은 분배이다. 부의 분배이다.

몇 년 전인가, TV에서 미국의 빈부는 상상도 못 할 만큼 크다고 하며 한 회사의 대표가 몇 시간이 지나지 않아 노동 자의 일 년 치 연봉을 벌어들인다고 한다. 물론 그들의 불로 소득까지 합치면 빈부 격차는 더하리라 생각한다.

이러한 부를 국가가 적절히 환수한다면 국가는 총기 사고 를 방지할 수 있는 역량을 가질 수 있을 것이다.

이렇게 거둬들인 세금을 총기 제조 회사에게 국가가 금전 적 지원을 함으로써 총기회사 직원들과 가족들의 삶을 책임 짐으로써 총기 제조 시설을 점진적으로 폐업시켜야 한다.

총기업체가 미국 정치인에게 로비를 하는 금액이 엄청나 다고 하며 이러한 로비는 총기 사용을 허용하고 있는 것이 다.

총기업체가 로비를 하지 않도록 지원하여야 하며 정치인 들도 로비에 현혹되지 말아야 한다.

그들의 반발을 적게 하고 동의를 얻어야 한다. 물론 공적 자금이 지원되기 때문에 미국 국민들의 동의를 얻어야 한다. 대부분의 국민들은 끔찍한 사고를 내가 당하지 않을까 하는 불안에서 벗어나게 되고 뉴스에서도 총기 사고를 듣지 않기를 바라는 마음이 커서 동의를 할 것이다.

총기를 만드는 데 자원을 아끼고 만들지 않음으로써 전기를 사용하지 않고 CO_2 발생을 줄이고 만드는 과정에서 노동과 판매 과정에서의 노고와 노후된 총기를 폐기하는 수고와 폐기된 총기류로 오염을 방지할 수 있지 않을까.

분배는 인간을 위험으로부터 노동으로부터 환경으로부터 해방시킬 것이다.

미국 총기 사건도 분배에서 답을 찾을 수 있지 않을까 생각한다.

11장

성장과 분배의 관계

성장은 우리 경제사회의 기본이 되는 정책이며 성장을 통하여 우리 사회를 발전시키며 부와 성장은 동일시되는 단어이다.

성장은 오늘날의 발전된 사회를 가져왔고 어느 시대에도 가져 보지 못한 부를 가져왔다.

먼 옛날 인류는 한 지역에 국한되어 살아왔고 점진적으로 영토를 넓혀 큰 대륙으로 이동하였으며 각 대륙에 한정되어 살다가 부를 위하여 다른 대륙과 경제적 교류도 하고 전쟁도 하고 이러한 과정 속에서 과학과 기술의 발전으로 지금은 지구촌이라는 단어를 실감케 한다.

인류의 노력과 욕망, 개척 정신이 오늘날의 부를 가져왔다.

그리고 인류가 우리 별 지구가 아닌 다른 행성으로 저 먼 우주를 향해 날아가는 꿈은 이루어졌다. 20세기 이전에는 인류의 꿈이었으며 어떤 이에게는 상상조차 못 하는 세상이었다.

이러한 인류의 발전은 역사 속에서 인류가 함께 노력한 결과물이다.

이러한 발전된 성장의 토대 위에 분배를 적정히 가미하여야 한다.

성장과 분배를 적절히 하여 인류와 지구가 파괴되지 않는 접점을 찾아야 한다.

분배는 경제적 이론으로 보면 직접적인 분배이고 성장은 간접적인 분배이다.

　경제학의 역사를 보면 성장과 분배의 대립과 조화를 어떻게 할 것인가가 첨예한 대립을 이루었다. 분배는 세금을 직접적으로 거둬들여서 복지를 향상시키고 부를 분배함으로써 사회를 안정시키며 인간이 욕망을 덜 갖게 한다.

　경제학으로 보면 분배는 사회적 경쟁을 완화하며 인간의 욕망을 적게 하여 사회의 발전을 더디게 하고 저해한다고 한다.

　그러나 현대의 발전된 사회에서는 분배는 인간의 욕망을 적게 하고 능력을 자연스럽게 하여 더 사회를 발전시킬 것이다. 인간의 타고난 저마다의 능력과 하고 싶은 일을 창의적으로 하게 하며 능력을 최대화하여 인간의 자아를 실현하고 사회의 발전을 가속화할 것이다.

　그리고 지금까지 이야기한 내용에서 역설적이며 모순적인 생각이 나의 머릿속에서 맴돌았는데 그 답을 찾기 위하여 고민을 하고 생각을 하여 그 모순을 해결할 방법을 찾았다.

　그 모순은 성장이 불평등 사회를 조장하고 무한한 인간의 욕망을 충족시키며 환경을 파괴한다고 말하였는데 분배 또한 소비 여력을 높이고 복지를 강화하고 인간의 심리를 안정시켜 소비와 생산을 가능하게 함으로써 환경을 파괴한다고 생각한다.

역설적이다. 즉 경제적 침체가 환경을 살리는 것이다.

그러나 우리가 소비를 하는 데 있어서 우리의 부를 제대로 지불하여야 한다. 즉, 전기세를 기업이나 가정에 부과하고 화학 물품으로 쉽게 만들어진 플라스틱뿐만 아니라 모든 제품은 제조, 판매, 폐기 과정에서 환경을 파괴하기에 환경세를 부과하여 소비를 적게 하여야 한다.

친환경적으로 제품을 만들려면 같은 제품을 만드는 데 더 많은 비용과 노동이 들어갈 것이다. 이런 제품에는 환경세가 적게 매겨질 것이다.

기업들은 당연히 친환경이고 견고한 제품을 만들 것이다.

우리가 생산하는 모든 재화는 환경을 파괴한다. 그러나 환경을 덜 파괴하는 제품을 만들도록 국가는 강제하여야 한다.

우리는 환경을 파괴하며 쉽게 만들어진 제품을 배격하고 친환경적인 제품에 우리의 부를 투자하고 제품을 구매하는 데 있어서도 신중하게 구매하고 오래도록 사용하도록 하여 환경을 지켜야 한다. 소비와 생산, 분배와 성장을 지구의 환경이 감내할 수 있을 만큼 이루어지도록 하여야 한다.

이렇게 내가 말한 역설적이며 모순되는 논란을 해결할 수 있다고 생각한다.

우리가 소비하는 제품에 우리는 정당하게 가격을 지불하여야 하고 환경을 생각하여야 한다.

성장은 세금을 적게 하여 인간의 경쟁 속에서 욕망을 극대화하고 소득을 증대하여 소비를 이끌어 내어 일자리를 창출하고 그럼으로써 간접적으로 나누는 것이다.

그러므로 해서 환경을 파괴한다.

분배와 성장은 경제학의 역사에서 항상 대립하였다.

여전히 분배와 성장은 경제학자 간에도 대립하고 있다.

애덤 스미스의 자유주의 경제학, 존 메이너드 케인스의 수정자본주의 경제학과 밀턴 프리드먼, 프리드리히 하이에크의 신자유주의는 여전히 답이 없이 경쟁하고 있다.

자유주의 경제학과 신자유주의 경제학은 개개인의 노력을 인정하고 이러한 노력은 인류를 더 풍요롭게 하고 인류의 발전을 더한다고 생각한다.

그러나 수정자본주의 경제학과 사회주의 경제학은 개개인의 부의 자유보다는 사회 전체의 부를 나눔으로써 사회는 발전하고 다 같이 잘사는 꿈을 이루고자 했을 것이다.

두 경제 이론이 여전히 대립하고 있지만, 자유주의 경제학은 경제 대공황과 수정자본주의 경제학은 스태그플레이션을 극복하였다.

그러나 이 시대에 요구되는 경제학은 환경, 지구온난화를 극복하는 것이다. 환경과 인류를 살리며 지속 가능한 사회를 지향하는 경제학은 성장보다는 분배가 아닌가 생각한다.

모두가 행복하지 않으면 지속 가능하지 않은 사회, 우리는 그 사회를 직면하고 있다.

성장은 많이 생산하고 많이 소비하는 경제정책이기에 이러한 경제정책은 필요도 없는 인간의 노동을 강요하고 환경을 파괴하여 물질적으론 풍요롭지만 지구상의 인류와 생명체를 멸망하게 할 것이다.

분배는 적게 만들고 적게 소비하여도 가능하기에, 덜 성장하고도 부를 골고루 나눌 수 있기에 인간의 수고도 덜 하게 하고 환경을 살리는 경제학이라 생각된다.

현대의 지구를 파괴하지 않는 경제학은 간접적인 분배(성장)보다는 직접적인 분배가 더 이루어져야 한다.

인간의 인류애 표현은 언젠가 내려놓아야 할 나의 부와 명예를 살아 있는 동안 나누고 내려놓는 것이다.

환경의 파괴를 본다면 지금도 늦지 않았나 생각된다.

좀 더 열심히 공부하며 정성을 다하여 글을 썼다면 더 좋은 글로 벌써 책을 내놓을 수 있었을 텐데 하는 아쉬움과 나의 게으름에 대한 회한이 든다.

끝으로 바쁜 사업 업무에도 이 책의 출판 과정을 잘 관리하고 애써 준 막냇동생에게 진심으로 고맙고, 부족한 글을 잘 정리하고 편집하여 한 권의 책으로 펴내 주신 출판사 사장님, 직원분들께 감사드립니다.

"분배만이 답이다."

펴낸이 최종우

도운이 신순재